# *Cómo Lograr el Mobiliario Perfecto*

## *Jeniffer Ocando*

# INDICE

- Preguntas que debe hacerse el Diseñador. ............ 7
  - ω ¿Para quién? ............ 7
  - ω ¿Para que se va a hacer? ............ 7
  - ω ¿Qué se va a hacer? ............ 7
  - ω ¿Cómo se va a hacer? ............ 8
- Armonía y Contraste. ............ 8
- Color y Valor. ............ 11
- Material y Textura. ............ 14

*Mobiliario Innovador* ............ 15

- Rústico y elegante ............ 15
- Algo de Él. ............ 20
- Urbano. ............ 25
- Recicla ............ 38
  - ω Reciclaje de Huacales. ............ 39
  - ω Reciclaje de Estibas. ............ 40
  - ω Reciclaje de Cauchos. ............ 44
  - ω Reciclaje de Barriles. ............ 45
  - ω Reciclaje de Tuberías. ............ 45
  - ω Más para reciclar. ............ 46

## Mobiliario perfecto — 49

- Ergonomía — 49
- Escritorio — 49
- Estantería — 52
- Repisa — 54
- Sillón — 57
- Armario — 63
- Alacena — 63
- Chimenea — 66
- Iluminación — 70

### Preguntas que debe hacerse el Diseñador.

Lograr una atmosfera perfecta surge como resultado de un diseño con estilo, distribución de elementos con criterio, la apuesta en piezas y accesorios complementarios capaces de conceder al espacio esas sensaciones que complacen a su usuario.

Al momento de afrontar algún proyecto que involucre el diseño y la decoración de interiores, se pueden presentar uno o varios espacios que suelen reclamar máxima atención, ya sea por el uso o por la jerarquía que se le atribuya, suele aplicarse mayor dedicación en su interiorismo. Es en este punto donde el mobiliario pasa a constituir uno de los puntos fuertes dentro del proyecto; como elemento con carácter, que va desde la relajación, reunión, organización, ornamentación, entre otros.

Pensar en el mobiliario perfecto, implica ir más allá de un accesorio colocado aleatoriamente en un espacio vacío que se cree, necesita "algo" que sirva de complemento y personalice el estilo. Es necesario abordar y establecer las áreas que configuraran el mismo.

Esto, a nivel de diseño de interiores. Sin embargo, el mobiliario perfecto no se limita solo al complemento de un espacio limitado por muros o como decoración de ambientes sustentados mediante elementos constructivos. El mobiliario perfecto también busca lugar en el exterior, a nivel urbano. Se aprecia en las bancas de la plaza cercana, en los juegos del parque, en la pequeña parada del autobús y en cualquier detalle que el usuario observa diariamente y que aporta a la percepción que se tiene la ciudad.

#### ¿PARA QUIEN?
El principal factor a considerar al momento de diseñar es saber a quién va dirigido. Conocer al usuario que va a disfrutar del mobiliario, ser consciente de sus necesidades, gustos, preferencias y posibilidad económica.

#### ¿PARA QUE SE VA A HACER?
Evaluación de la función del mobiliario. El uso que se le dará y el área donde va a ser implantado.

#### ¿QUE SE VA A HACER?

Luego de realizar la investigación y conocer el tipo de usuario al que va dirigido, o el tipo de cliente que lo solicita; se abre la puerta del diseño. Se estudia en conjunto las pautas establecidas por el cliente y se establecen criterios propios de diseño, que darán como resultado el mobiliario deseado.

Los criterios establecidos involucran, ahora sí en detalle, la calidad del detalle y el carácter formal del moblaje. Comienzan los procesos de diseño (plantas, alzados, perfiles, 3D), la selección de los materiales y acabados (texturas, colores, metales, pieles) y la forma. Todo esto tomando en cuenta la durabilidad y que mantenga su calidad durante un periodo mayor de tiempo.

### ¿COMO SE VA A HACER?

Por último, se estudia el ambiente donde se implantara el ajuar. En este punto, comienzan los aspectos técnico-constructivos del proceso de diseño. Involucra la toma de medidas, si formara parte de la composición formal de la edificación (empotrada), el ensamblaje; si se armara en sitio o en fábrica.

**ARMONIA Y CONTRASTE**

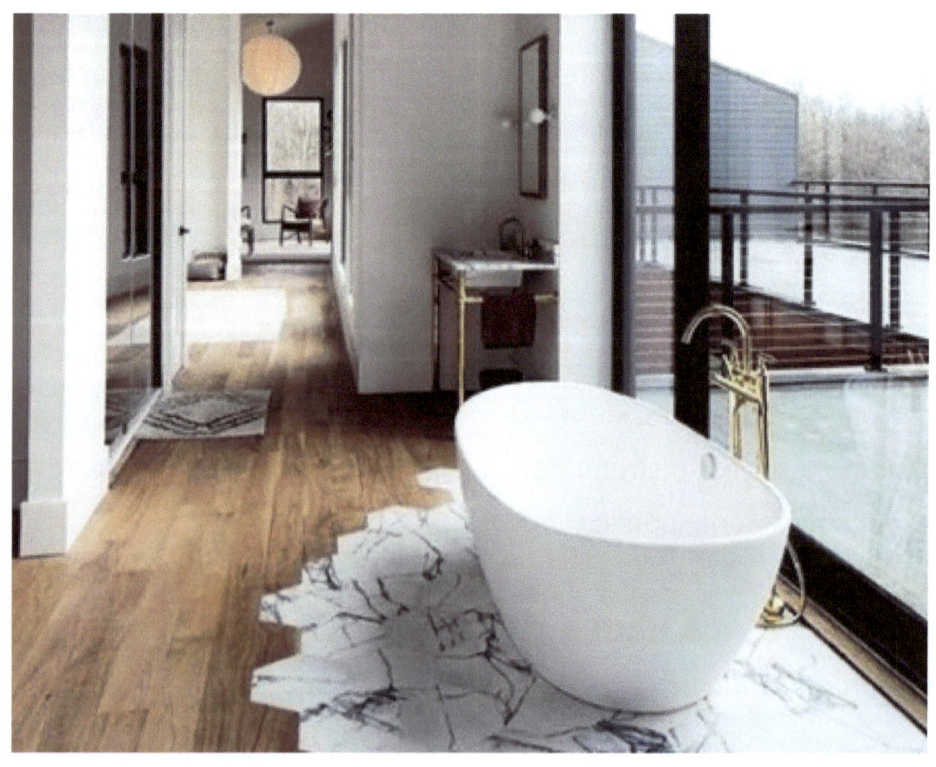

La armonía debe ser el rasgo principal de cualquier diseño aparentemente perfecto. En lo referente a decoración, no solo es relevante el aspecto estético al momento de encontrar este equilibrio, sino también la organización y distribución en el espacio. Es necesario acotar que el mobiliario correcto en el lugar equivocado, o la cantidad equivocada, pueden evitar que se logre esa consonancia que se desea alcanzar.

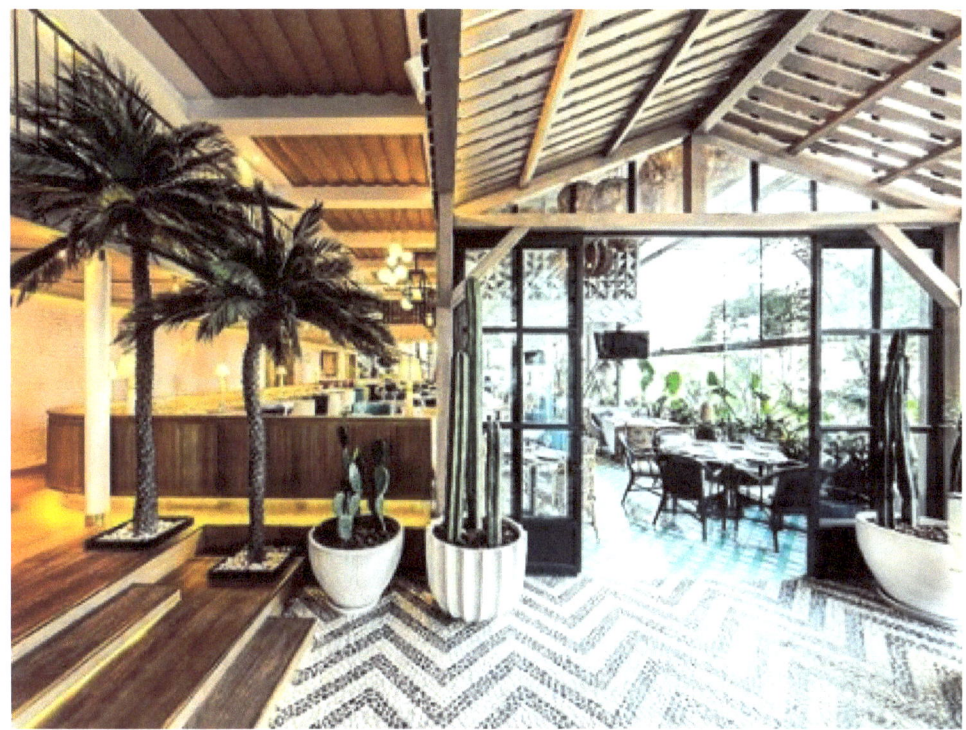

Otro de los factores a considerar es la conexión entre ambientes. El mobiliario debe buscar el vínculo entre un área y otra, sin que se pierda el carácter propio de los mismos (mobiliario / ambiente), y conseguir a su vez resolver las necesidades del usuario.

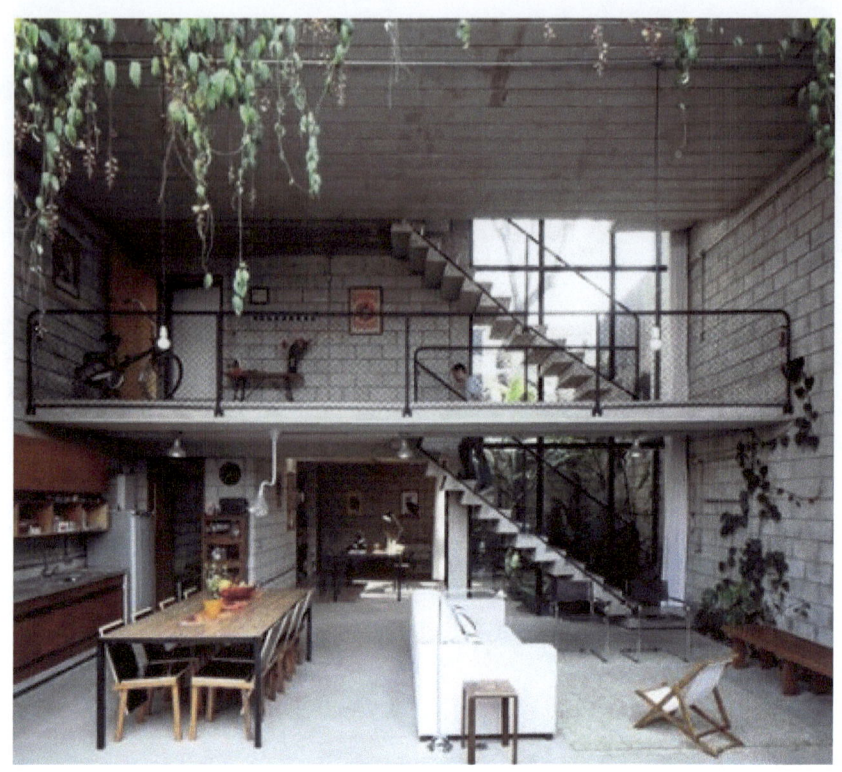

En término de espacios integrados, es clave atender a la simetría y la proporción. Esto no quiere decir precisamente, que los elementos del todo deben seguir patrones o ser exactamente iguales en términos de color formas y tamaños; por el contrario, el arte está en lograr la integración a pesar de que exista cierto contraste entre los elementos.

En este punto, es importante hablar del factor **época**, entendiéndolo como el **periodo de la historia** que sirve de inspiración al diseño. Esto hace referencia a los estilos que se adoptan del pasado y se adaptan a la época actual, hablando de lo **Retro** y lo **Vintage**. Se tocan estos términos ya que, dependiendo de la época, los gustos del usuario también varían, convirtiendo conceptos como **Integración**, **Equilibrio** y **Simétrico** en temas más subjetivos. Nos transportamos a la época del Barroco, con el estilo **Rococco**, y luego al **Minimalismo**; en ambos casos los conceptos se muestran de diferentes maneras, sin poder refutar alguno a pesar de existir discrepancias en la actualidad.

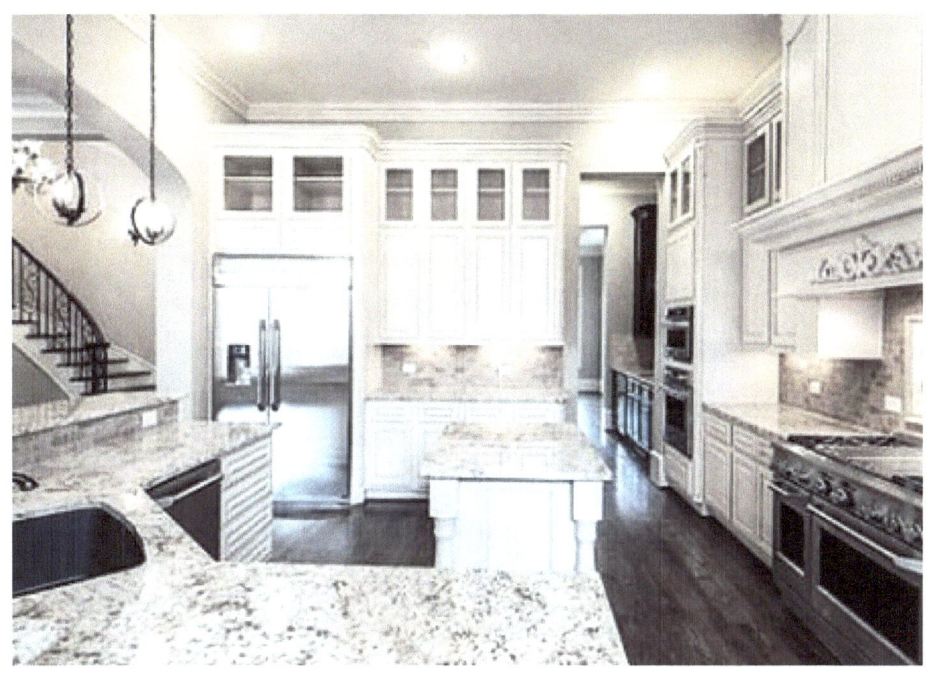

**COLOR Y VALOR**

El lienzo que se escoja para realizar cualquier pintura resaltara o le quitara valor a la obra en sí. Escoger el color o valor de fondo es así de importante, debido a que este le restará carácter o aumentara su atractivo según se piense y aplique al diseño. No se habla solo del color del mobiliario, sino también se debe complementar con un buen estudio del espacio que lo rodea.

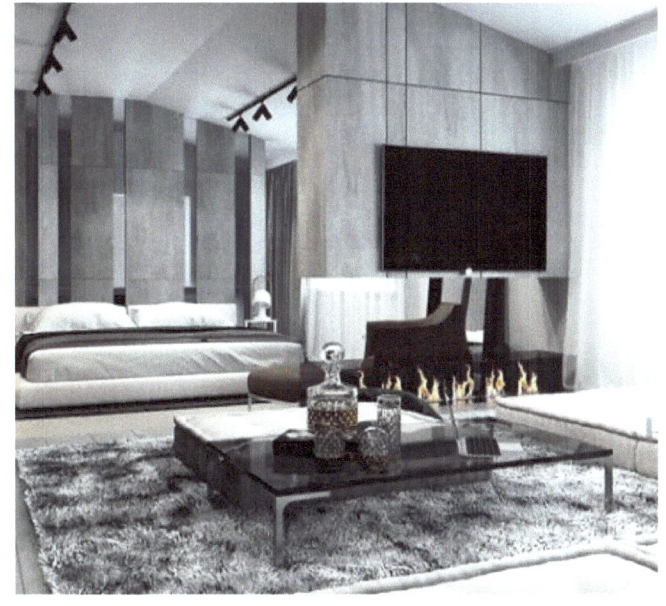

Haciendo referencia a un muro, una pared de vidrio o al entorno urbano; saber identificar que contribuirá y que puede afectar el resultado final, es determinante al momento de escoger o diseñar el mobiliario.

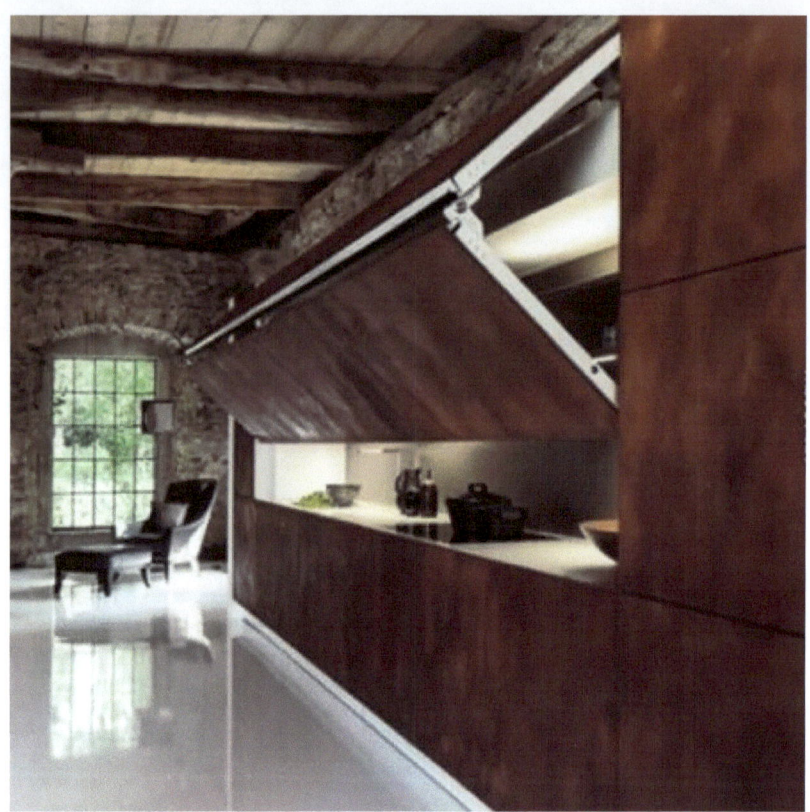

Para ejemplificar la escena, un mueble de cocina con varias texturas, sobre un muro de igual manera con varias texturas diferentes a las del mobiliario, hará que estas contrasten entre si y peleen por la atención del usuario, y restara atención al punto que deseamos sea focal. La parte de la prioridad en este sentido es también importante, definir qué es lo que se desea llame la atención; sin embargo, en este contexto, lo que se busca es que el mobiliario sea protagonista y contribuya a mejorar la calidad espacial.

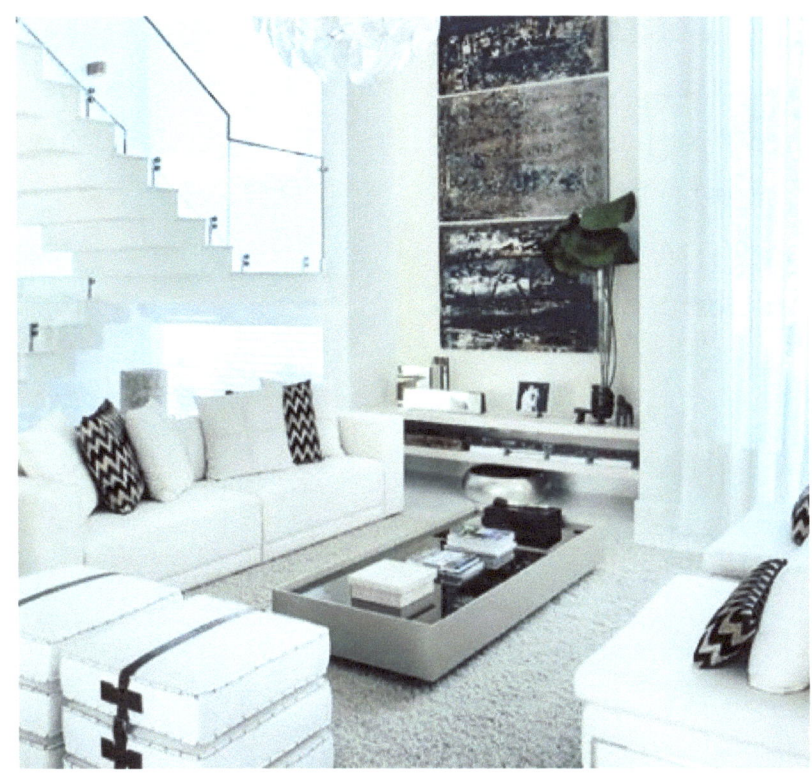

El contraste entre el blanco y el negro se han convertido en tendencia. Siempre se ha hablado del blanco como un valor que ayuda a modificar positivamente la percepción que se tiene del espacio. Da luz a los espacios, transmite sensación de amplitud y calma. Sin embargo, hacer uso solo del blanco, seria tomar camino fácil y privar de carácter al diseño. Por eso, la combinación de ambos valores llama la atención y ha llegado incluso a darle al negro el papel protagónico en muchos ambientes.

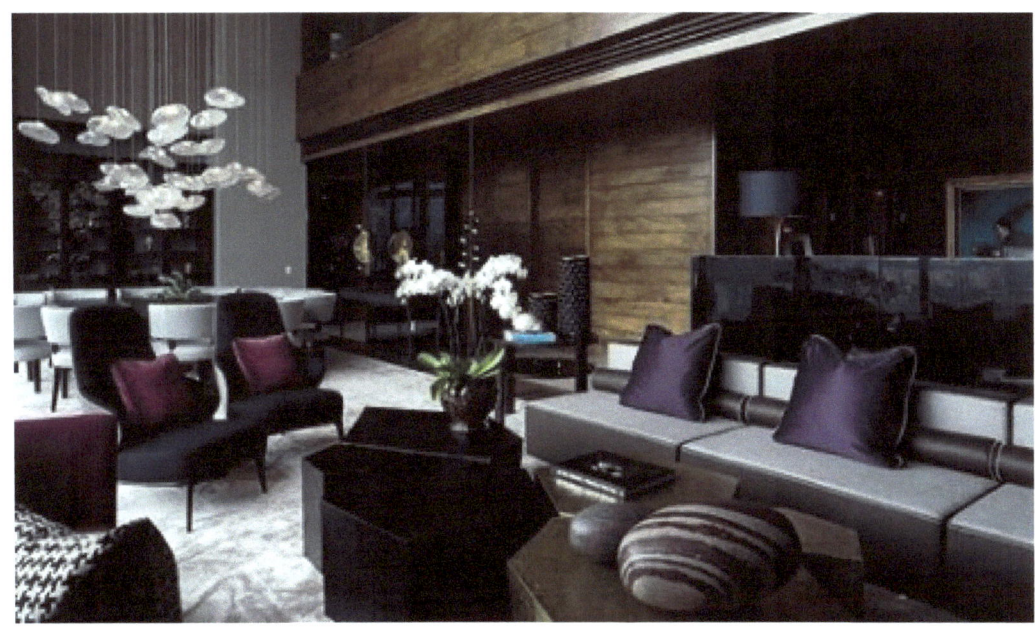

Lo mismo ocurre con los colores. Existe la falsa idea de que un color muy llamativo o muy oscuro es difícil de acoplar. Sin embargo, haciendo uso del estudio correcto y la combinación correcta, se pueden logar efectos dinámicos, agradables, sobrios, acogedores, que cumplan con las expectativas.

**MATERIAL Y TEXTURA**

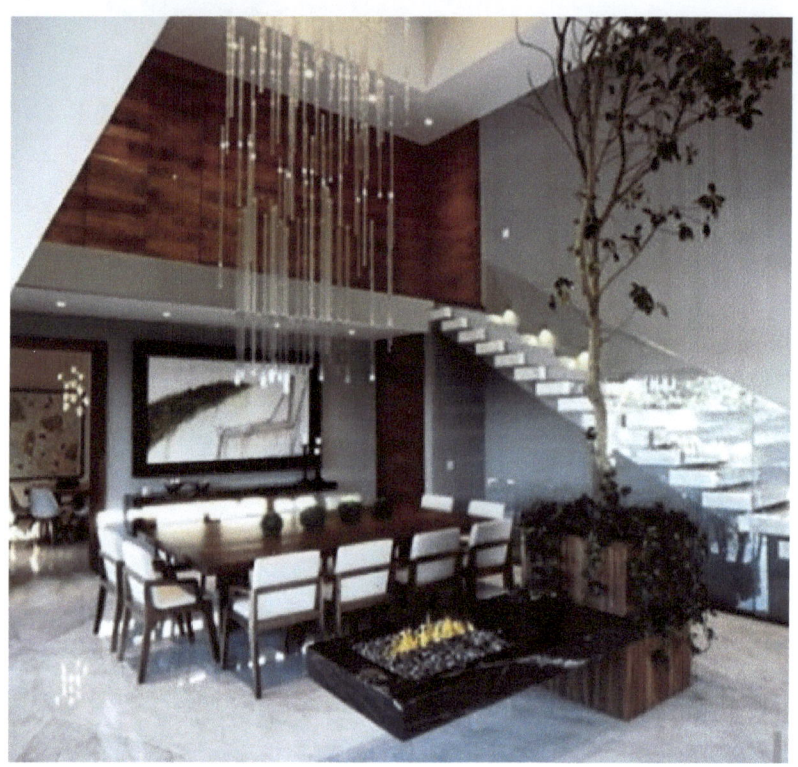

Dan al diseño carácter y personalidad. Unir texturas y materiales, es un proceso complejo, sin embargo, resulta en ambientes particulares y acogedores, con toques de gracia. Permiten al profesional y al usuario entablar una conexión y jugar con los deseos / posibilidades de ambos.

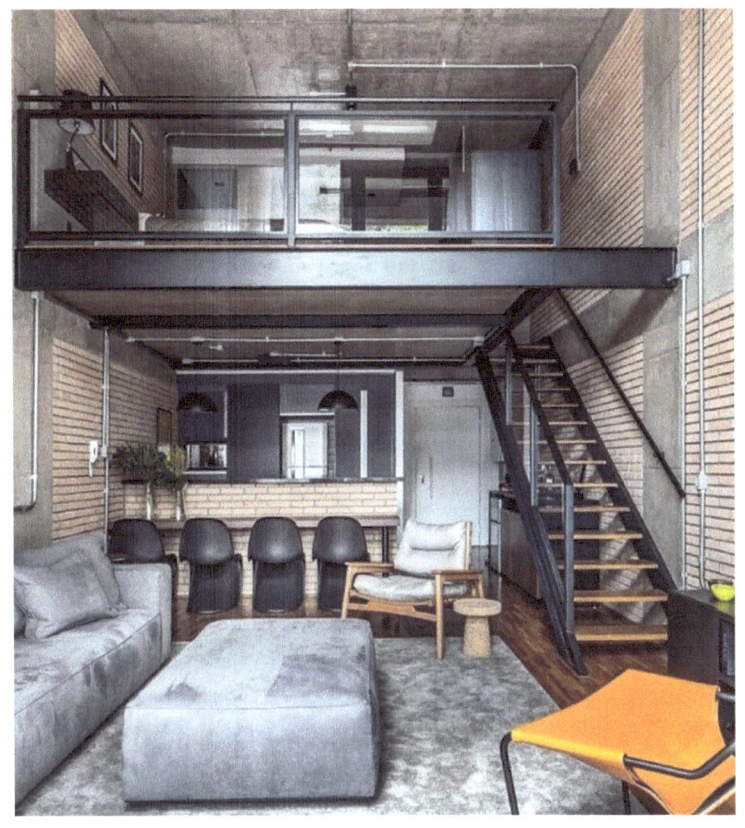

La unión de concreto en obra limpia y madera, madera y acero, acero y concreto. Así como materiales alternos como los tableros melamínicos, el MDF y los reciclados como las estibas; hacen de un mueble tradicional, el complemento perfecto para el espacio.

## MOBILIARIO INNOVADOR

Para que un mobiliario llegue a ser "innovador" debe aspirar el **WOW**. Ir más allá del aspecto funcional o la belleza, y materializarse en un elemento cuyo carácter resaltante sea el factor sorpresa.

El diseñador debe pensar como cliente, la frase "colocarse en los zapatos del otro" nunca ha sido más oportuna que ahora. Pensar "¿si fuese mi… como lo querría?" O "Quisiera que mis invitados digan… cuando vengan a visitarme", son algunos ejemplos de cómo sería esa escena.

En los puntos que tocaremos a continuación se hace referencia a algunos ejemplos de mobiliario que sin lugar a dudas tendrá ese efecto **WOW** en los invitados.

### RUSTICO Y ELEGANTE

Es muy común la madera trabajada en el mobiliario. Sin embargo, siempre es bueno tomar riesgos en cuanto a decoración se refiere. Imaginar tener en una habitación aspectos industriales o de la naturaleza en su pura expresión puede ser el comienzo del camino. Los materiales en obra limpia, utilizados correctamente, pueden dar a un espacio una impresión igual de elegante, y un carácter personal; puesto que las piezas en obra limpia nunca tendrán un igual.

Uno de los ejemplos más básicos son mesitas esquineras. En este caso se muestra una pieza de madera al natural, trabajada solo a manera de preservarla en el tiempo y con elementos accesorios como la base, en este caso de acero.

Igualmente, una pieza al natural sin accesorios. En este caso es una mesa principal en un salón. Sencillo, rustico y por supuesto elegante.

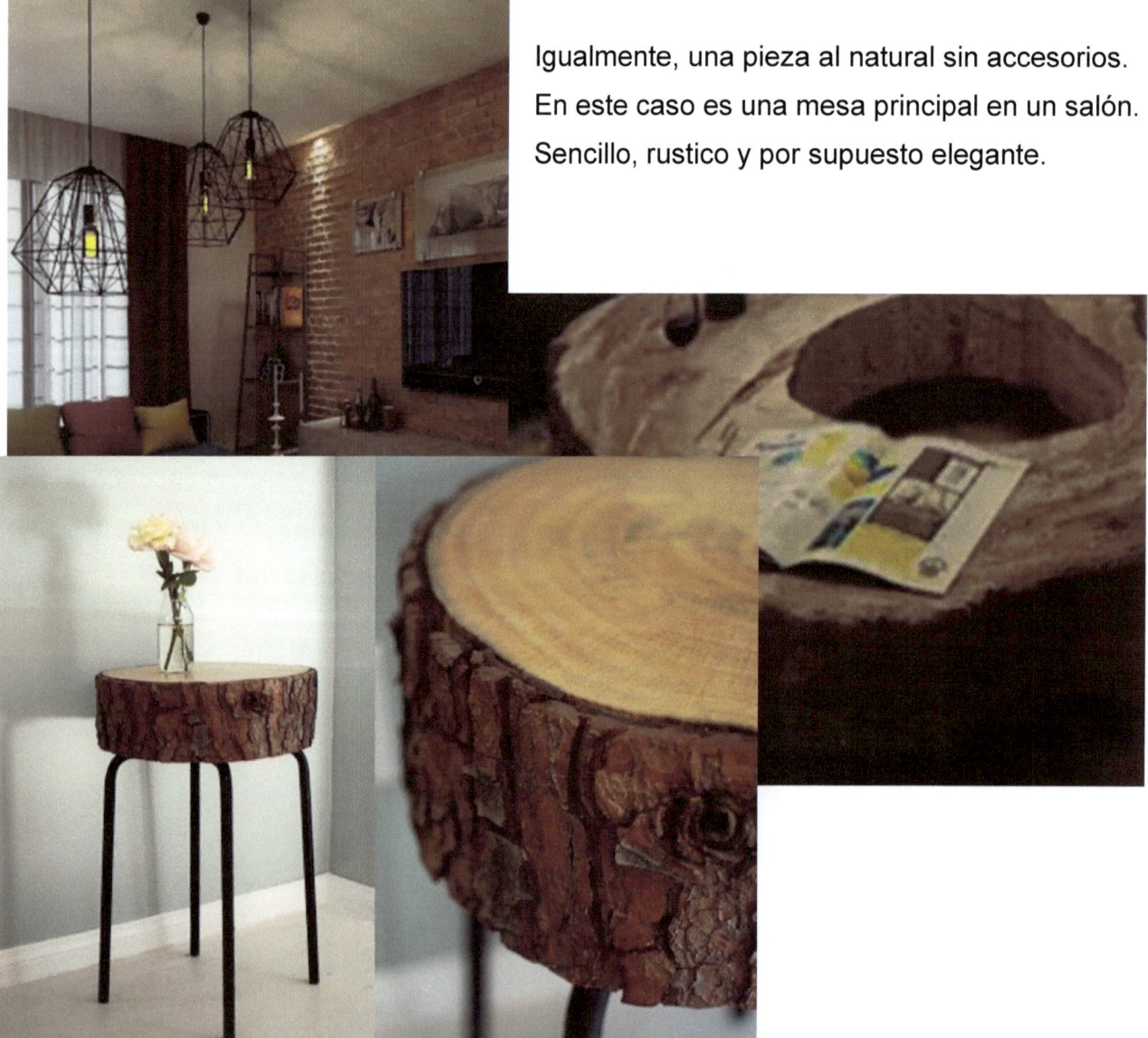

Otro uso magnifico es como tope en la sala de baño, con accesorios en acero y hierro.

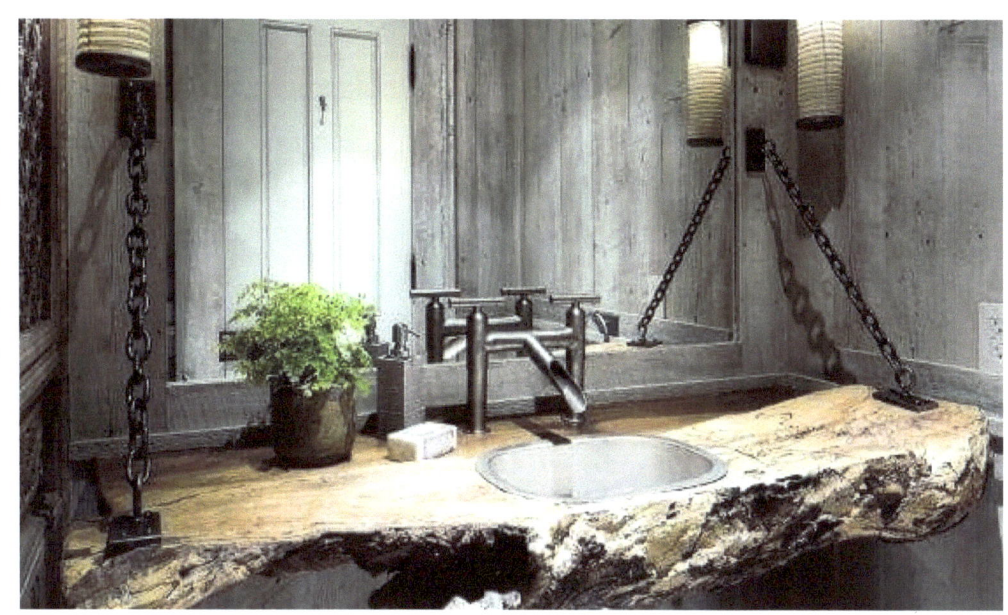

Ahora el concreto. La mente automáticamente se direcciona a lo constructivo, e incluso a bases de cama o gabinetes de cocina. Sin embargo, como parte de la decoración, se convierte en accesorios particulares. Dejar volar la imaginación es un ingrediente básico si se quiere hablar del **Mobiliario Perfecto.**

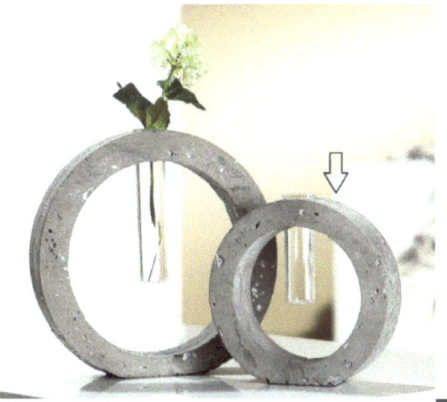

Floreros circulares en vertical.

Lámparas de techo con forma ovalada. El acabado en pulido.

**Mesa de sala.**
Forma pura, acabado pulido, con accesorios de ruedas.

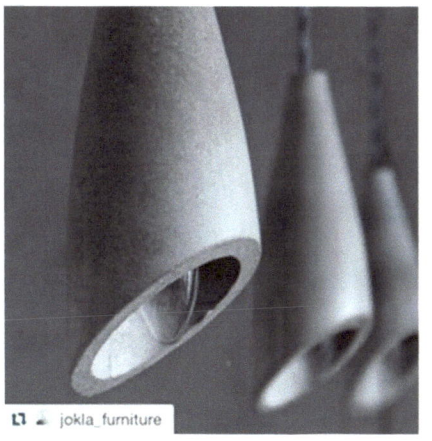

Continuando con el hilo de las piezas al natural, ubiquemos el mobiliario en ambientes más generales, esta vez con piezas más trabajadas. Combinemos la naturaleza con lo constructivo del concreto y lo industrial del acero; como resultado la obra tendrá un acabado de clase.

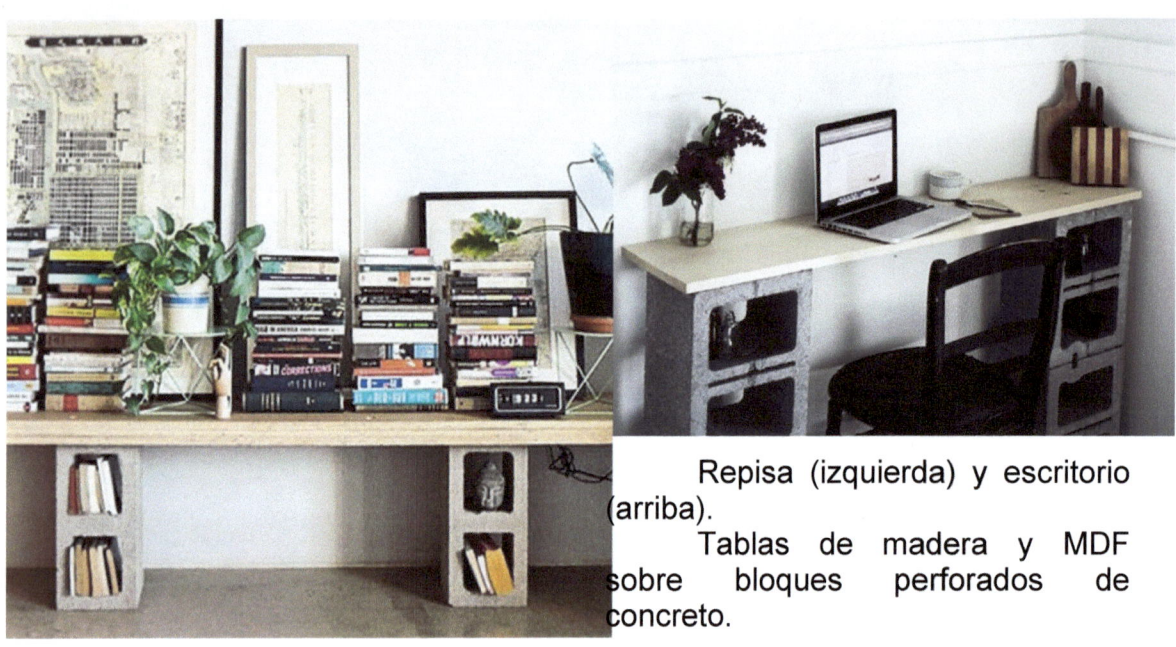

Repisa (izquierda) y escritorio (arriba).
Tablas de madera y MDF sobre bloques perforados de concreto.

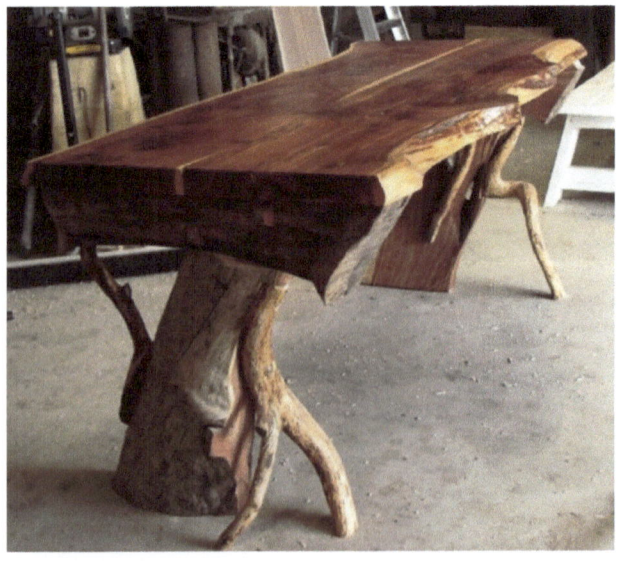
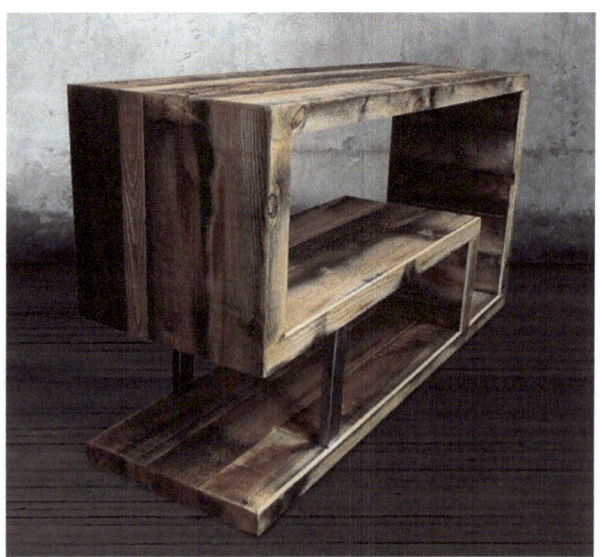

**Mesas.**
Acabados de madera natural con accesorios en hierro (derecha) y todo de madera con aspecto natural, trabajadas (izquierda).

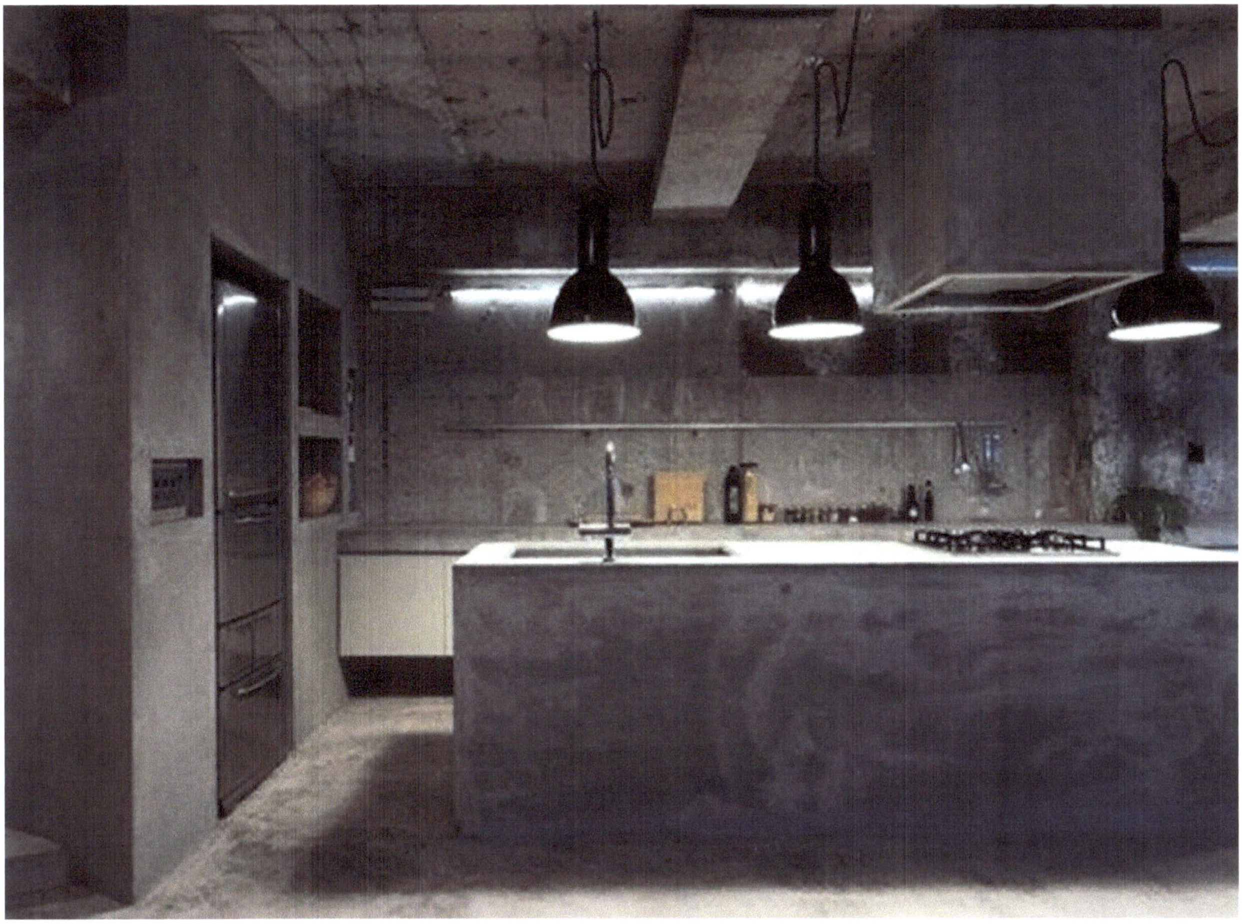

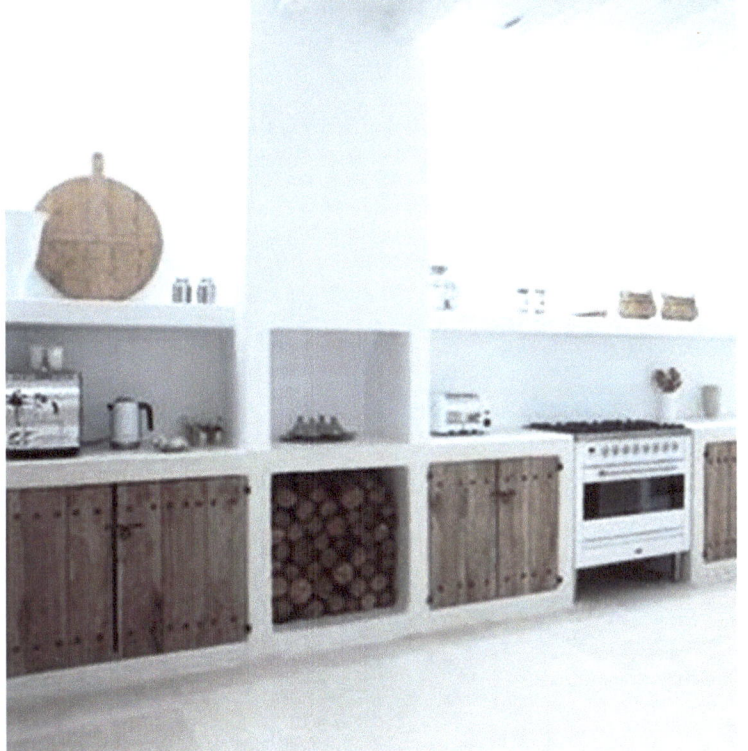

**Mesones de cocina en concreto en oba limpia.**
Detalles en acero y accesorios en madera o con detalles en madera y accesorios en acero.

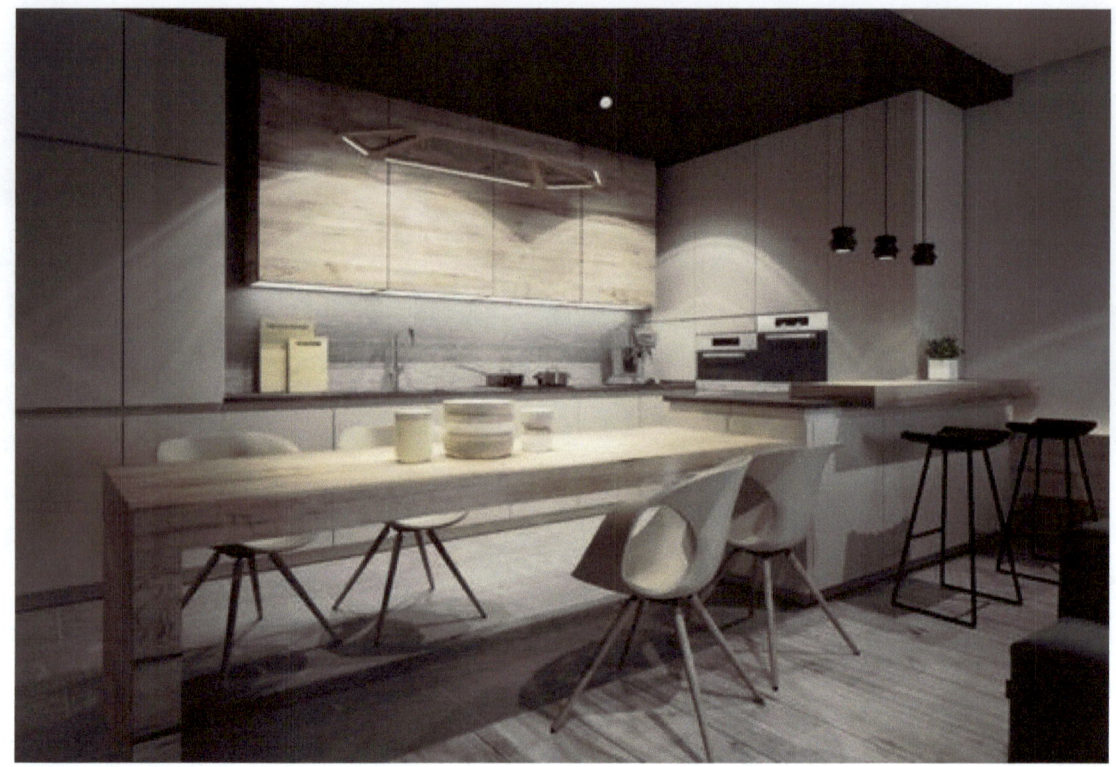

## ALGO DE EL

Es muy común pensar que todo lo referente a Mobiliario y decoración es cosa de mujeres. Pues nada más errado que este pensamiento, ya que los caballeros pueden ser tan exigentes como las damas cuando a respetar su espacio se refiere, y por esto juegan un papel importante en el diseño; así que crear un espacio solo para ellos, con accesorios que les brinden sensación de estar en casa, también se ha convertido en un aspecto importante.

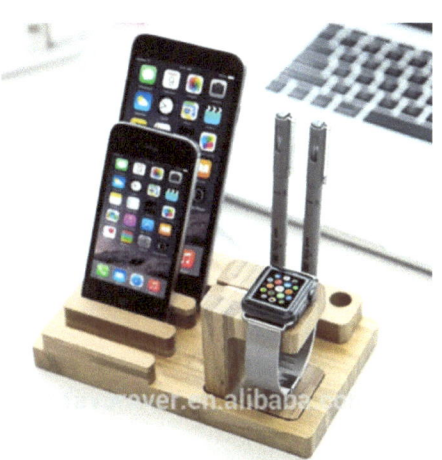

### Clase
Para aquellos precavidos y obsesionados por tener todo bajo control. Perchero con compartimientos.

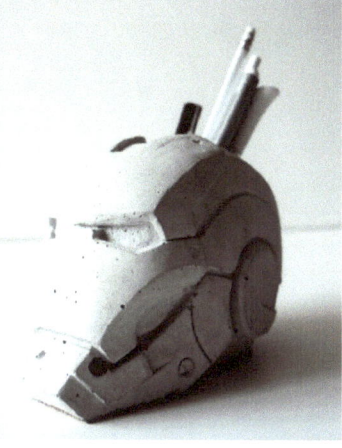

### Orden
Organizador de madera, para los caballeros cuyo escritorio es su tarjeta de presentación.

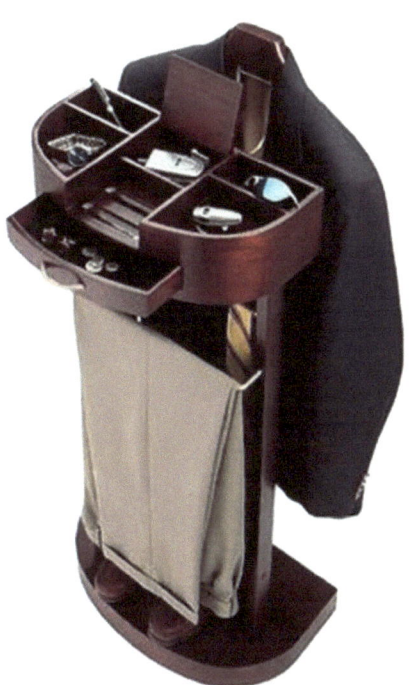

### Diversión
Ya que la imaginación es también importante, un porta lápices de súper héroe es el accesorio perfecto para gustos más informales.

Y ya que se hizo mención a la imaginación y lo informal...

Repisa + súper héroe + hombre = **Mobiliario Perfecto.**

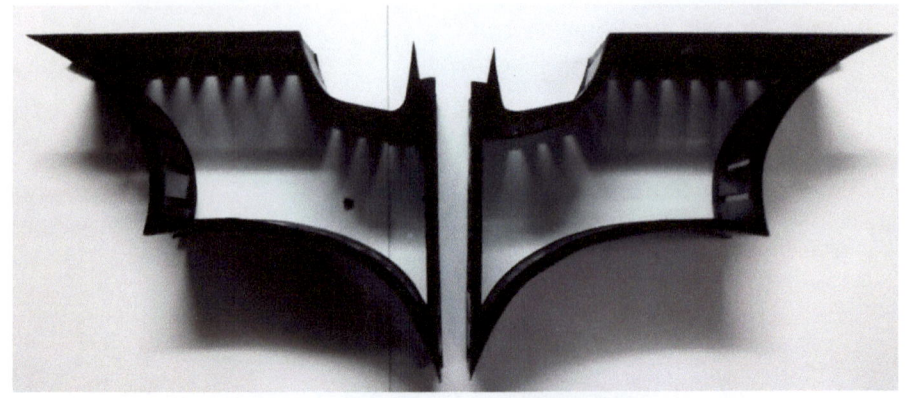
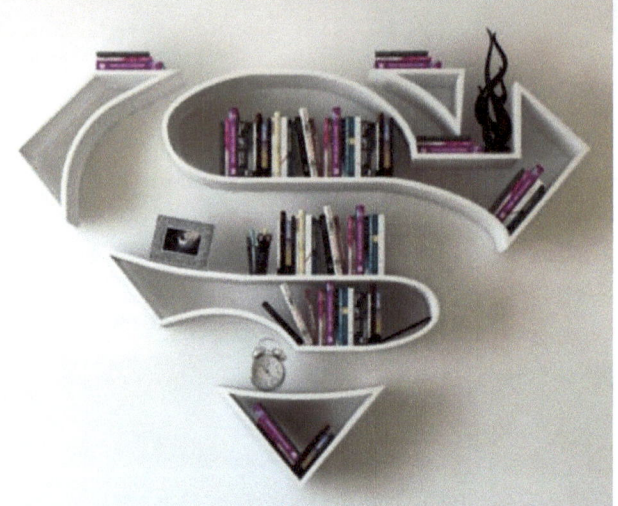

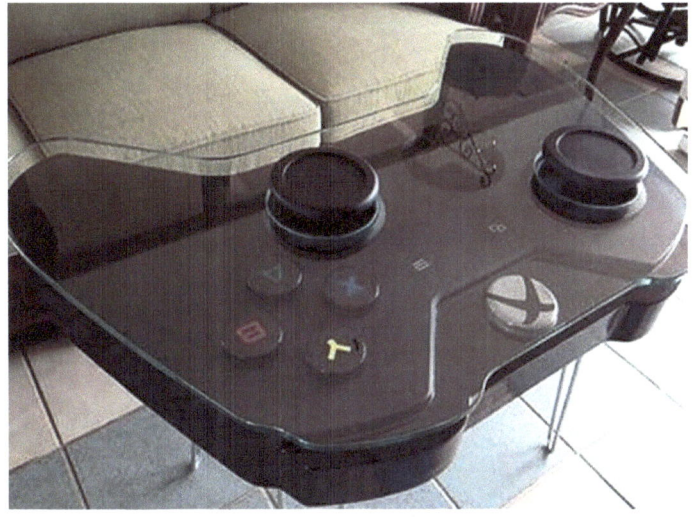

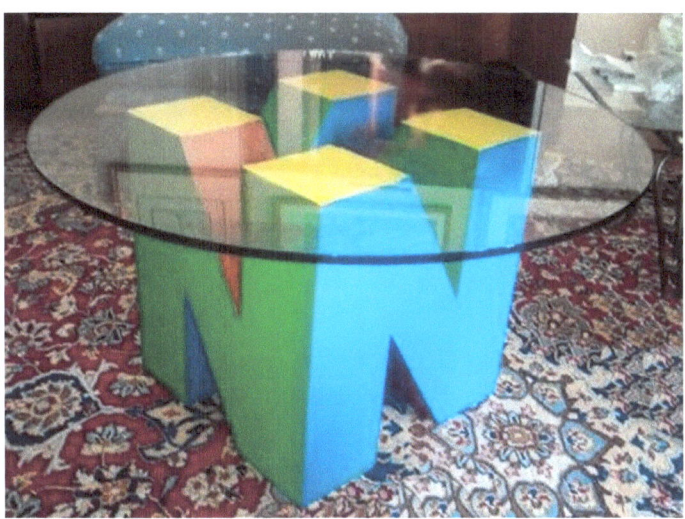

Y para los más chicos, o simplemente para aquellos amantes de los videojuegos; el mobiliario soñado también existe.

Una forma muy elegante de marcar territorio seria con una mesa colocada en el centro del salón principal o la sala de estar que exprese los gustos de sus usuarios; una podría ser en forma de control de **Xbox** y otra con la forma del logotipo de la compañía **Nintendo.**

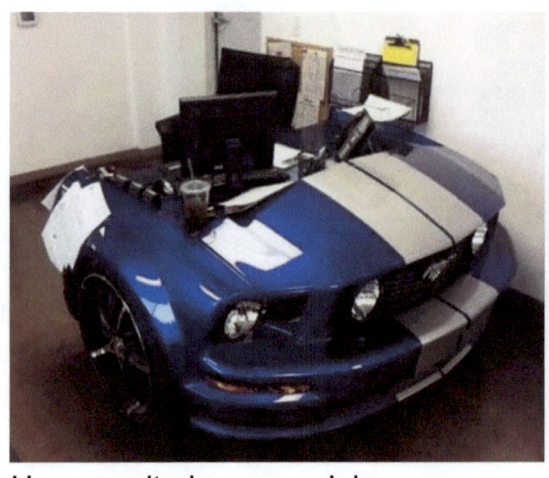
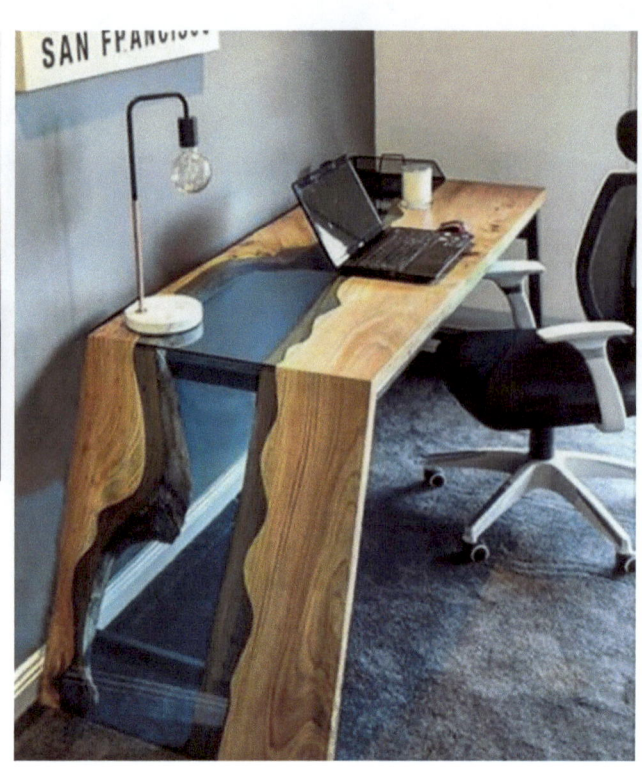

Un escritorio no debe ser sinónimo de mueble aburrido. Existen para cualquier tipo de gustos y caracteres. Algo serio en madera y vidrio, pero no por eso común (derecha). Y para los que prefieren ver su trabajo como una pasión, uno en forma de auto. (Arriba).

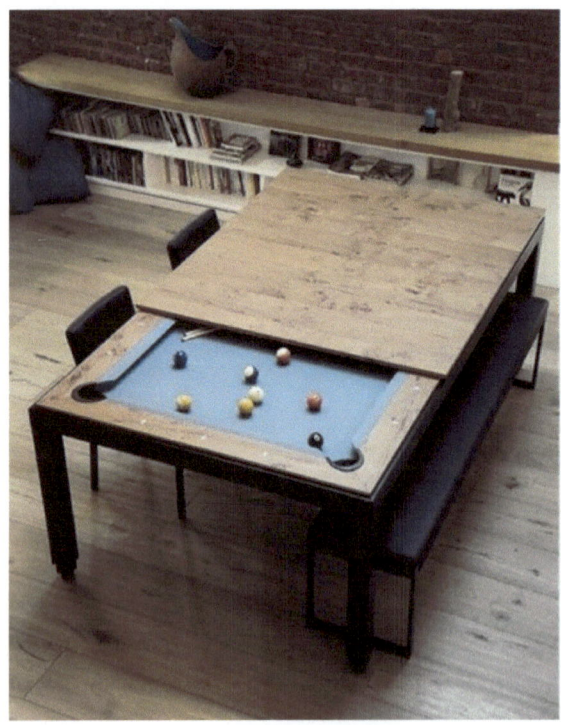
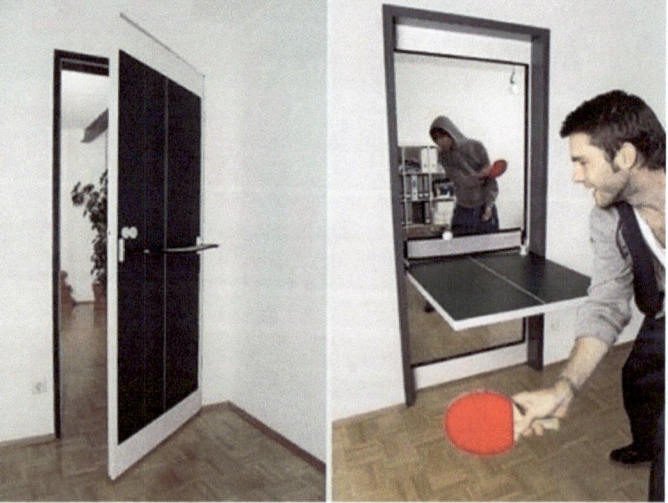

Cuando toca elegir entre un mobiliario serio o qué hacer con las reuniones con amigos. No es necesario escoger, se puede tener ambos. Un poco de ingenio e incluso la puerta tendrá papel protagónico en las fiestas.

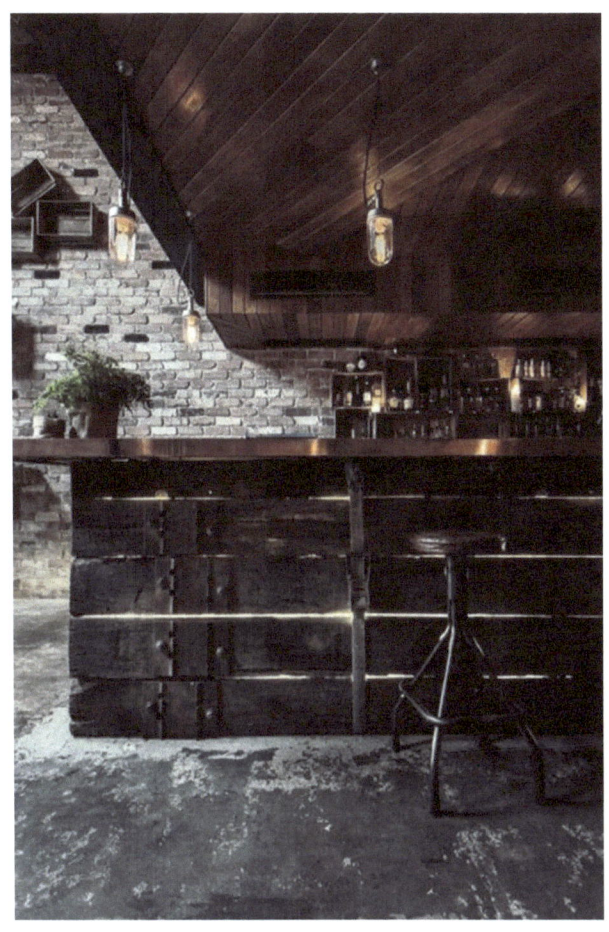
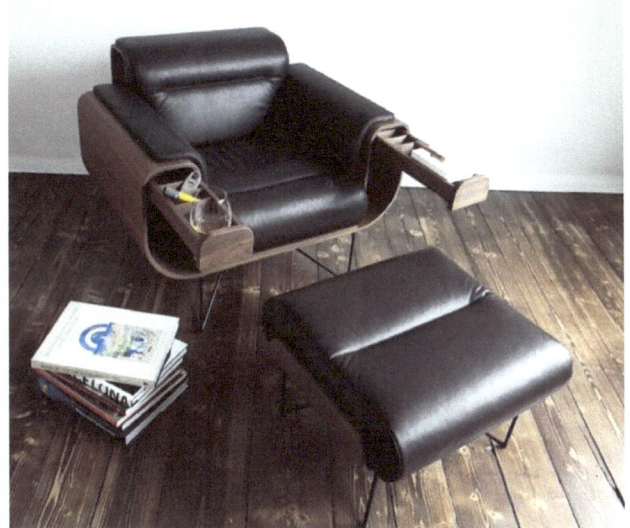

### *Un rincón dentro de casa.*

Así como las damas necesitan un espacio para estar solas y consentirse. Los caballeros precisan una zona donde ser ellos sin ellas. Son algo más sencillos, sin embargo, se encargan de hacerlo suyo. Puede limitarse a una cómoda poltrona en cuero y madera (arriba), o un proyecto más grande como un bar rustico en madera y detalles de hierro (izquierda).

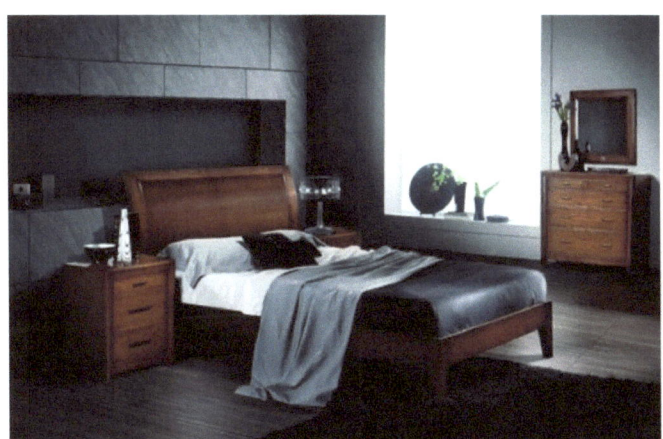

### *De un rincón a la habitación*

Acabados rústicos y tonos en la escala de grises. Los espacios también pueden tener ese carácter masculino; rudo, vibrante y elegante.

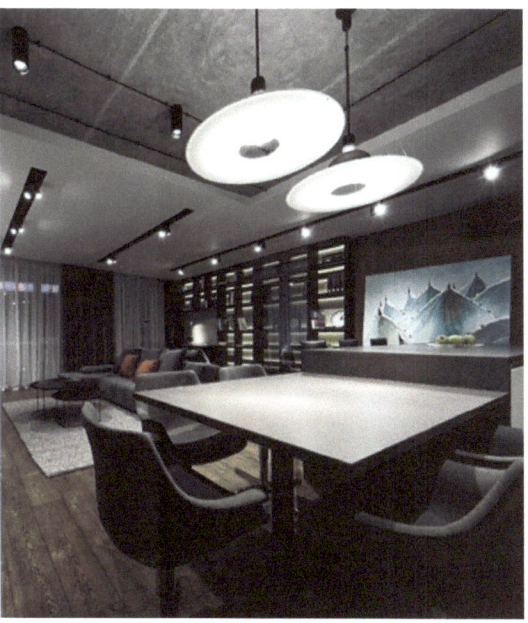

**URBANO**

Es momento de salir de los límites de la Arquitectura, y dar un paseo por las calles. El mobiliario perfecto no se reduce a lo que ambienta cuatro paredes, va más allá. Se puede apreciar en una parada de autobús cómoda, espacios de permanencia, bancos y luminarias de una plaza, los juegos de un parque, y así en infinidad de lugares.

Si se hace una comparación a través de un recorrido mental por el día a día de cualquier individuo, y se marca en su trayectoria el mobiliario con el cual tiene contacto, para posteriormente eliminarlo; automáticamente se sentiría la ausencia, el faltante de algo que aunque normalmente puede pasar inadvertido, aporta comodidad y hasta cierto punto, agrado al itinerario.

Desde la calle en el frente de una vivienda hasta la plaza central de la ciudad, el mobiliario se encarga de dar ese toque de "permanencia" al sitio.

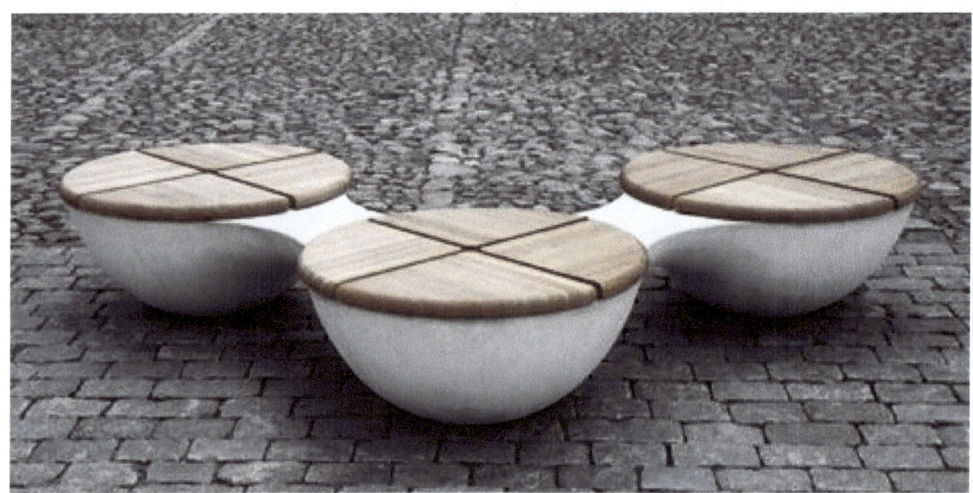

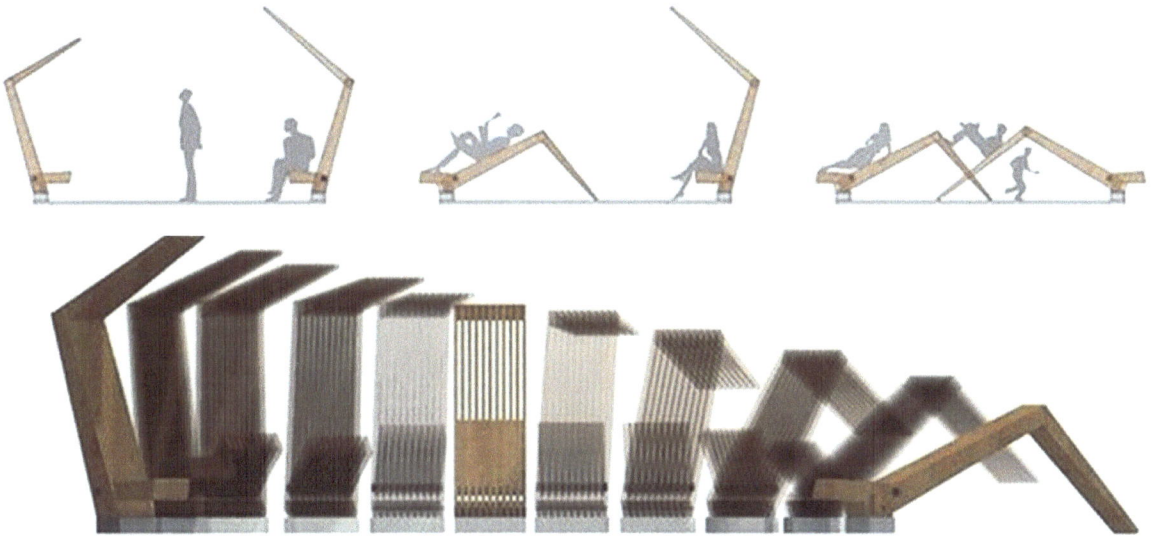

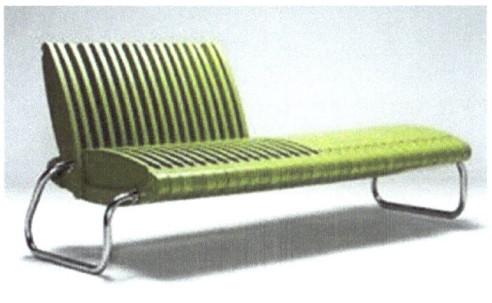

Pasar de las bancas tradicionales de concreto a unas más modernas, y que se adapten a la necesidad del momento.

Pueden ser de múltiples colores y en variados materiales, con la opción de tener espaldar o no (izquierda).

Otro caso bastante particular (arriba), es una pieza continua a manera de bisagra, formada a partir de tablones de madera. La estructura de bisagra le permite pasar de una banca con cubierta a un cómodo asiento reclinado e incluso un pequeño túnel para jugar los niños. Se acopla a su homóloga y el elemento se presenta como dos independientes.

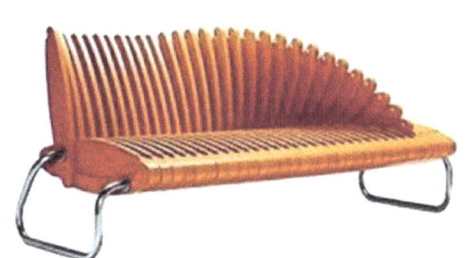

Combinar la escultura con el mobiliario es otra manera de crear espacios bellos y confortables a la vez. Sin embargo, no se limiten a la ciudad.

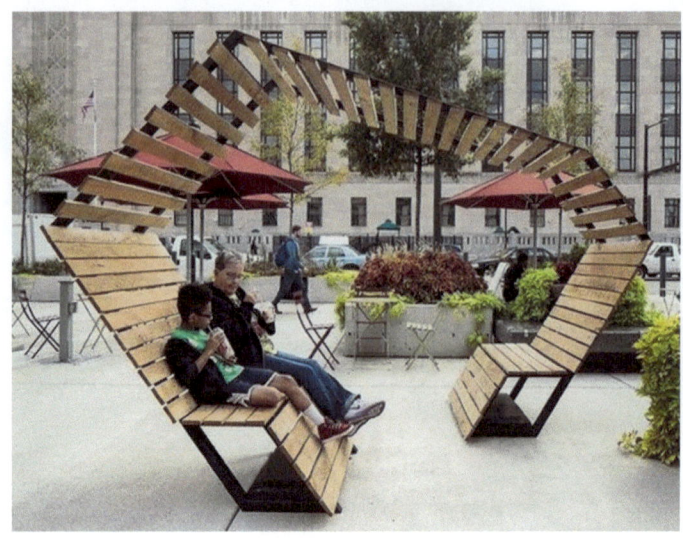 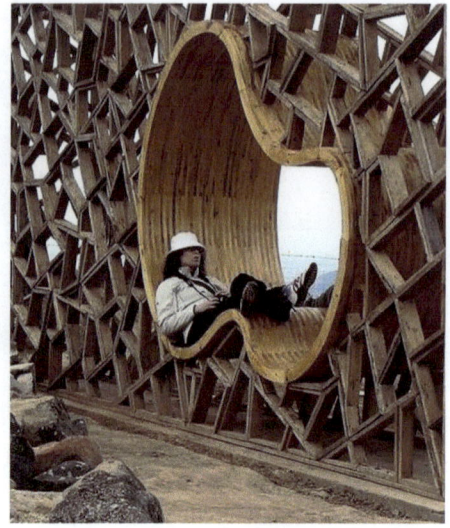

Una cómoda banca con cubierta continua de madera y acero(izquierda), es perfecta para un lugar en la plaza de la zona comercial. Pero si la idea de relajarte te ubica en la playa, un muro de tablas de bambú con vanos de formas orgánicas destinadas al descanso (derecha) son perfectos para leer un buen libro o simplemente tomar una siesta.

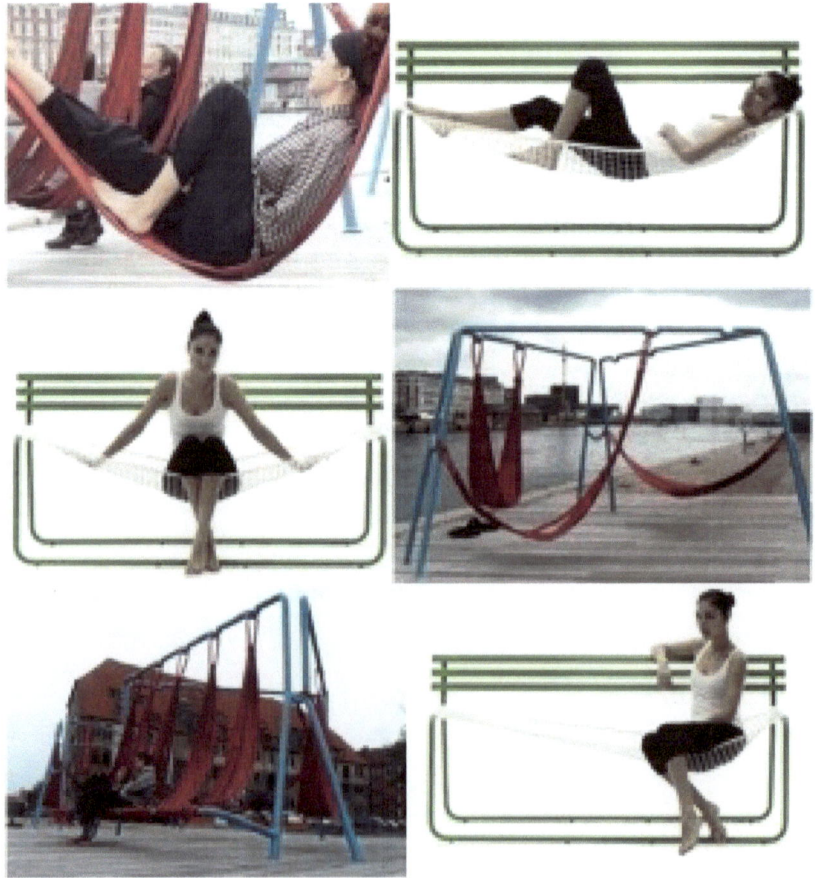

A propósito de tomar una siesta y disfrutar de la vista del mar, lo ideal es una hamaca.

Aquí es oportuno integrar parte de lo que es el diseño industrial.

Una estructura sencilla formada por barrotes de hierro, de donde cuelgan telas o mallas ubicadas de diferentes maneras. Y a esto se le puede sumar colores llamativos.

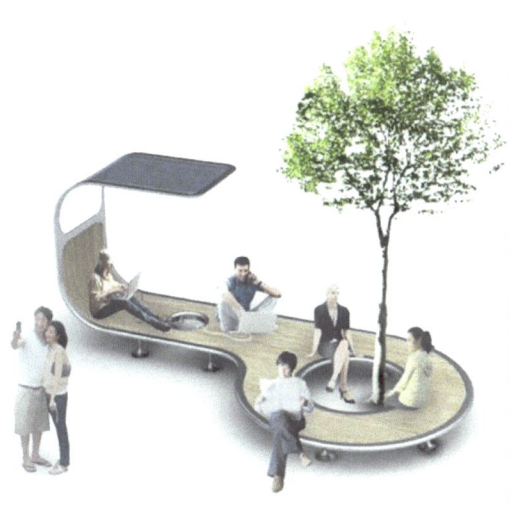
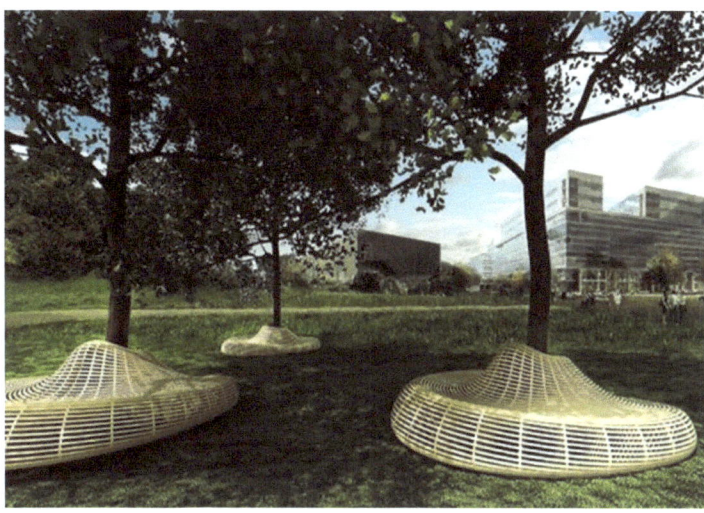

### *Ahora un trato con la naturaleza.*

Algo muy importante a considerar cuando se va a trabajar con mobiliario sobre áreas verdes, es no quitar el protagonismo a la naturaleza. Por el contrario, será **perfecto** si se logra una armonía. Técnicas como ubicarlo rodeando árboles o utilizar materiales como la madera y sus derivados, ayuda a mimetizar con el ambiente, llamando la atención sin quitar prioridad.

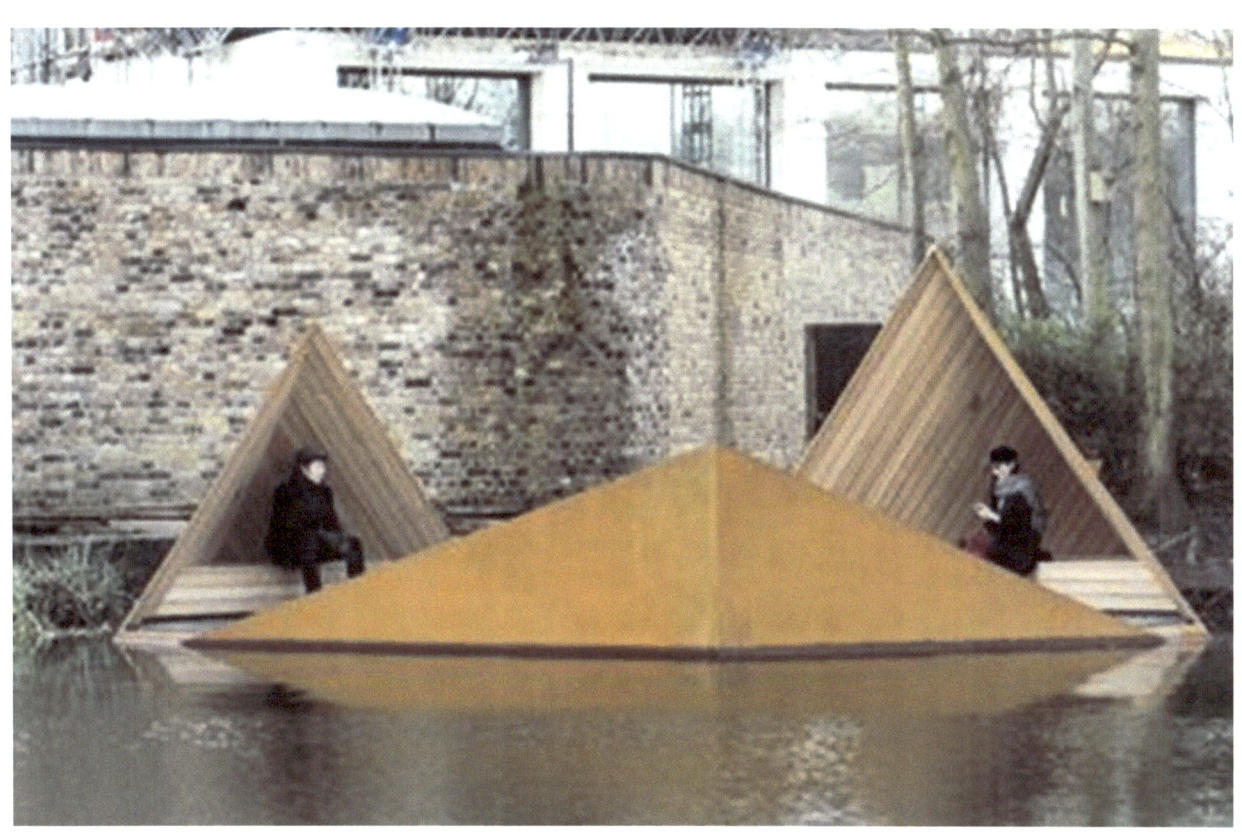

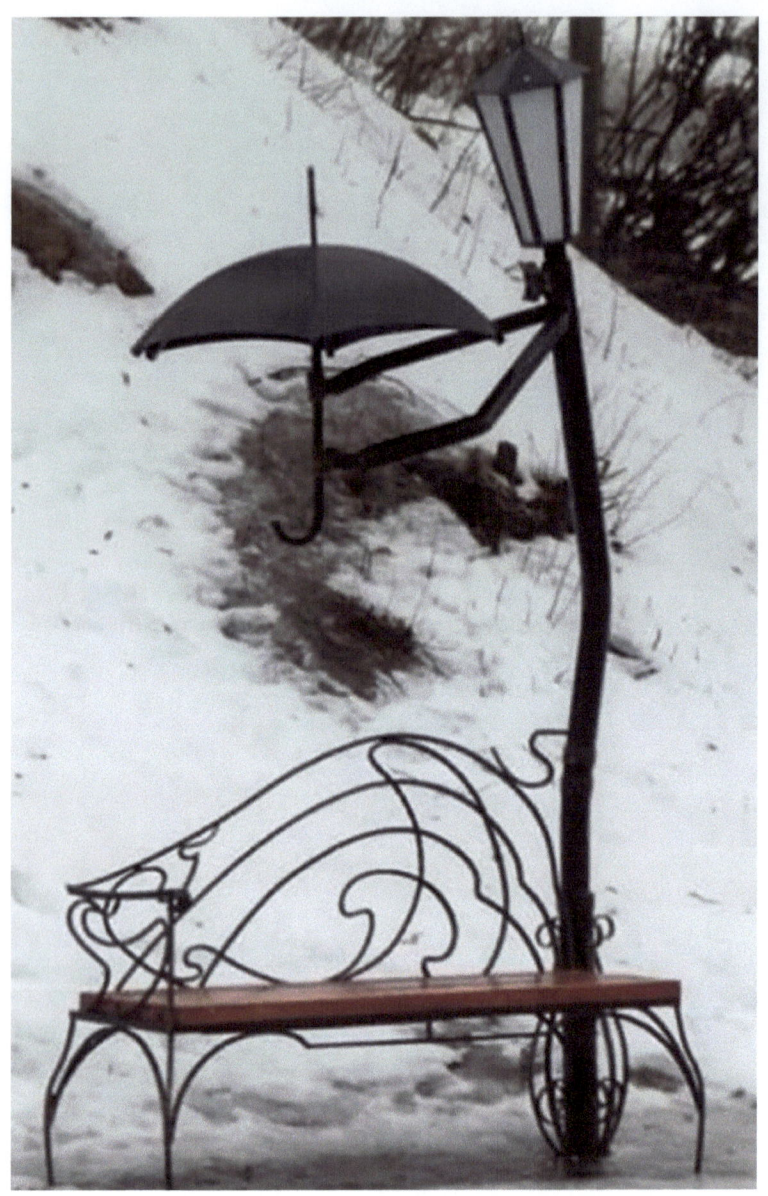

**Un poco de protección.**

Y como se ha podido comprobar, no hay límites para lo que la imaginación puede lograr.

Un poco de hierro forjado, madera y curiosidad, logran que una lámpara sostenga un paraguas a manera de cubierta.

O simplemente un poco de origami en madera, una nueva forma de hacer barcos de papel tamaño real. No es necesaria la vista al mar si se puede estar en el mar.

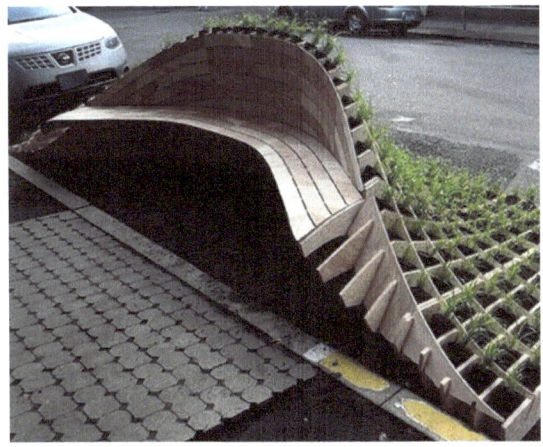
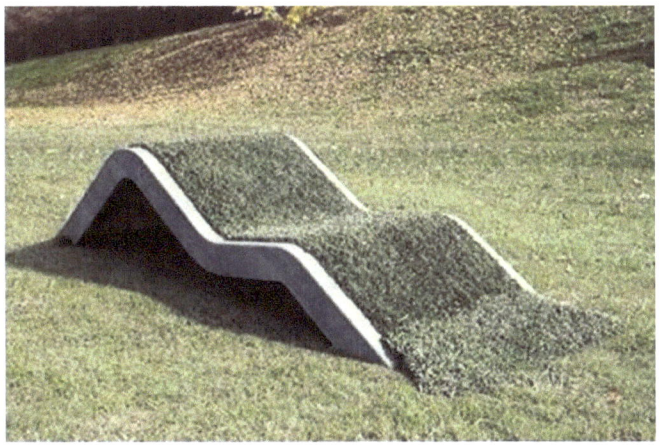
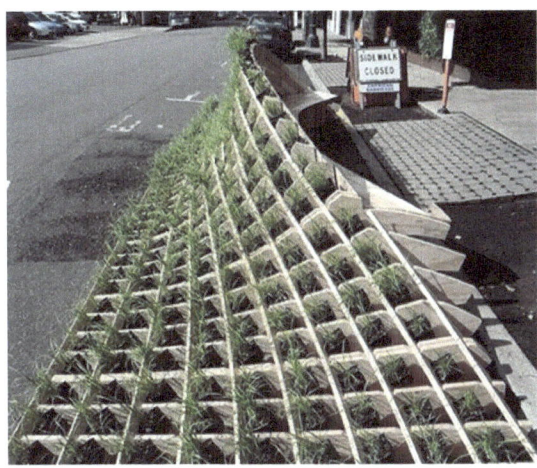

### Verde

Apropósito de no quitarle el protagonismo a la naturaleza. Una zona de permanencia en la calle, hecha con madera y con una cubierta verde (izquierda); y una banca de concreto en obra limpia forrado con una alfombra de grama artificial.

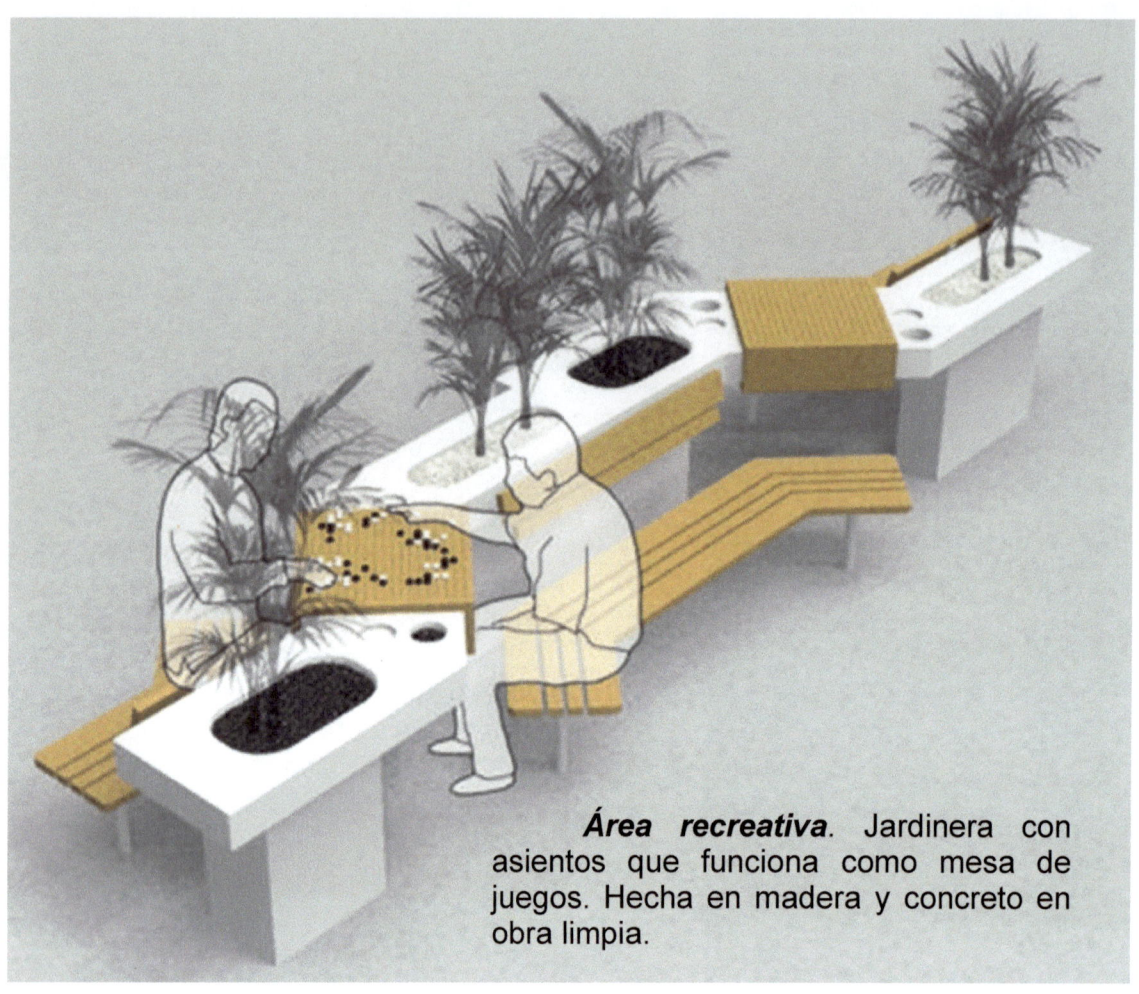

*Área recreativa*. Jardinera con asientos que funciona como mesa de juegos. Hecha en madera y concreto en obra limpia.

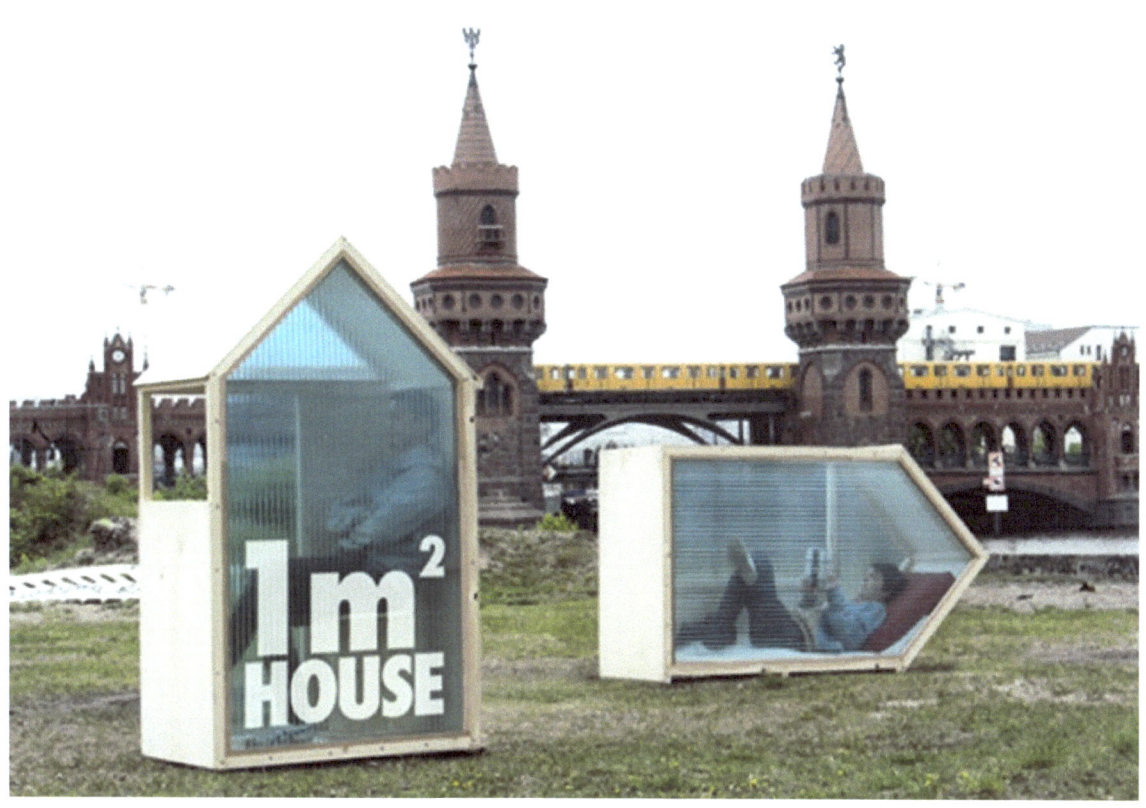

***Un Rincón fuera de casa.*** Módulos de 1m2; ligeros, transportables y que se pueden colocar de manera vertical u horizontal. Estructura de madera con cubierta de acrílico. Perfectos para leer o trabajar, con algo de privacidad fuera de casa.

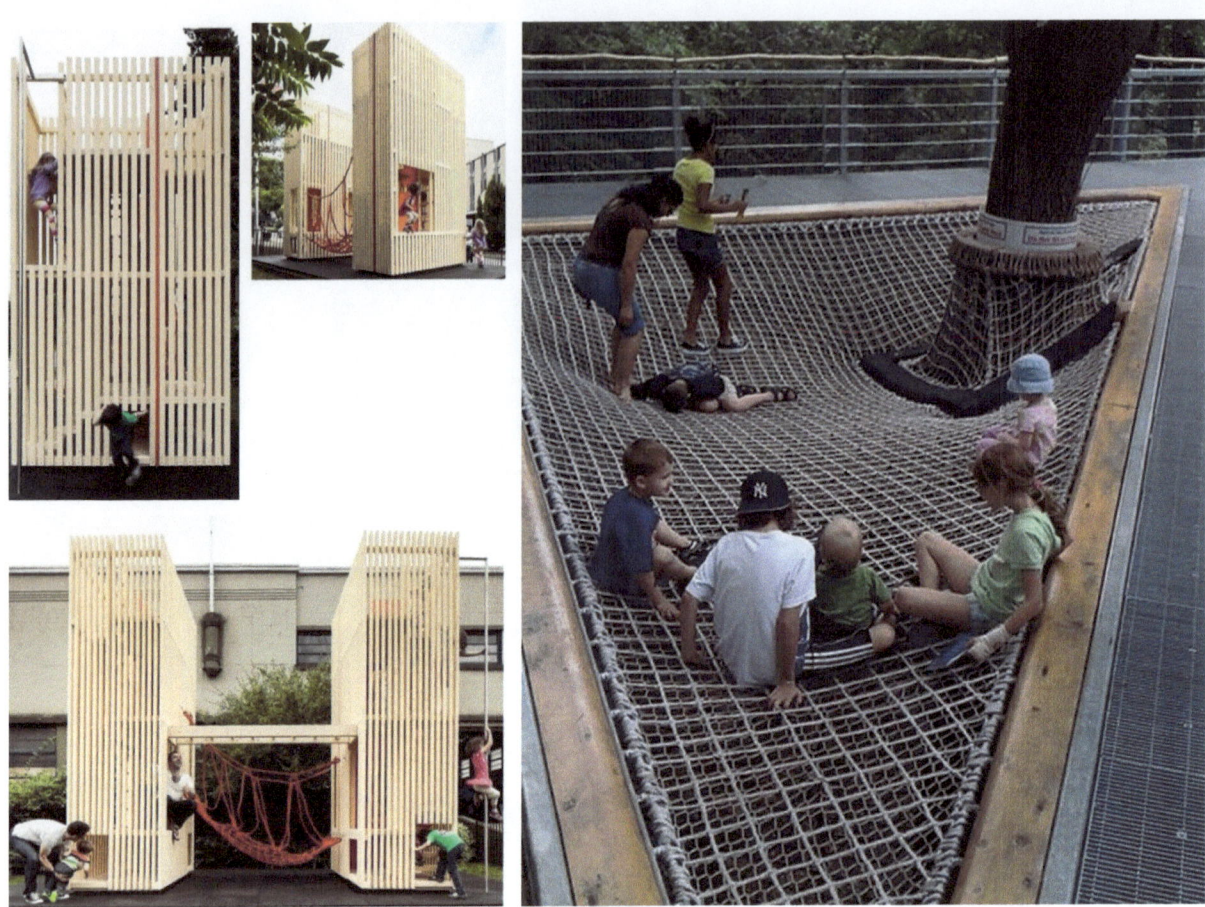

***Para los pequeños.*** Trampolín de malla (derecha). Estructura de juegos, que pueden recorrer internamente, con una estructura de madera (izquierda).

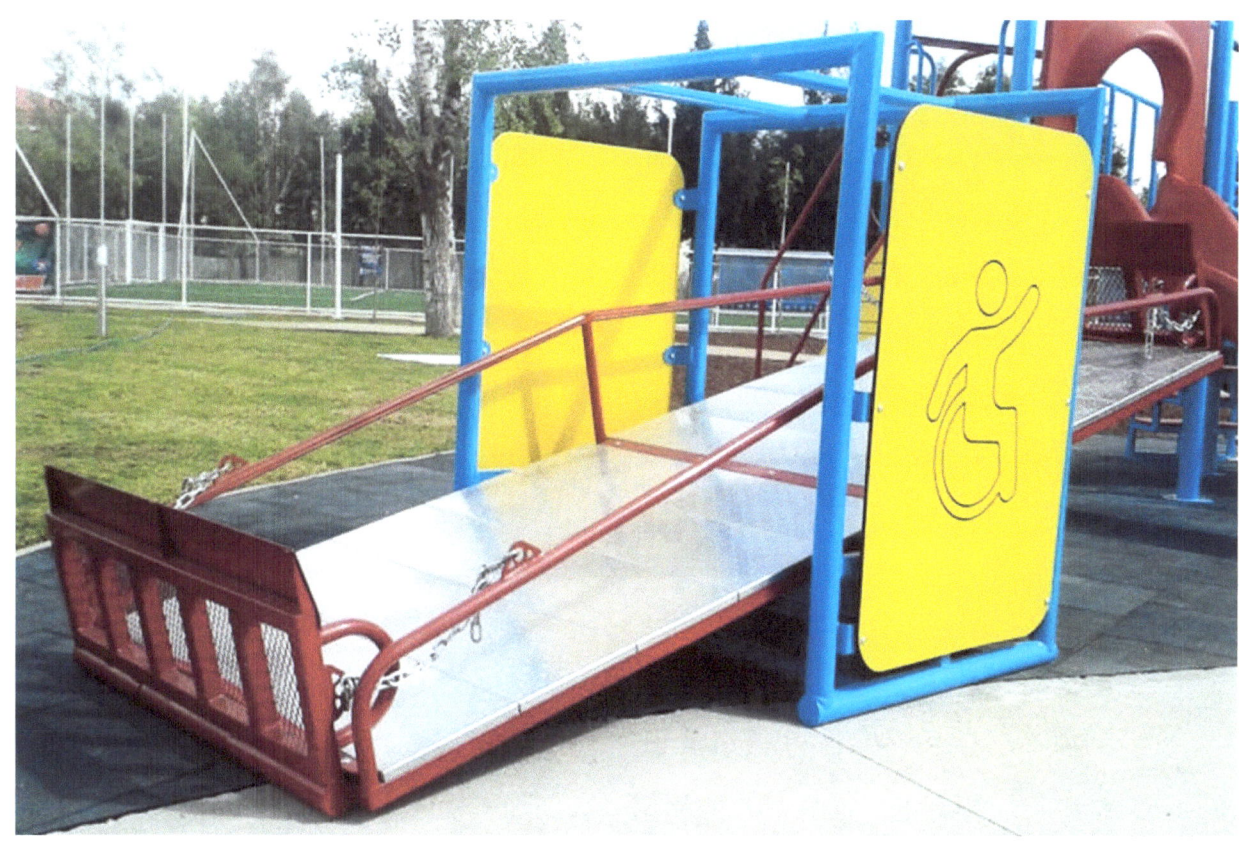

Los límites los pone cada persona. Parte del trabajo de un buen diseño es luchar por romper con cualquier barrera.

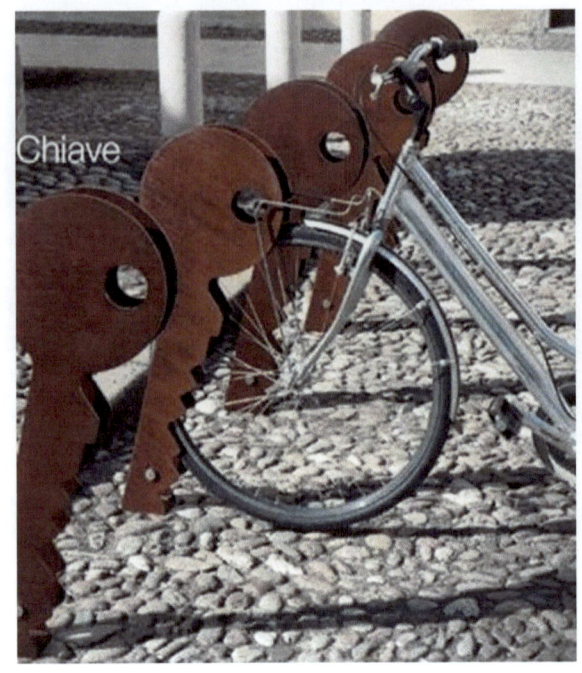
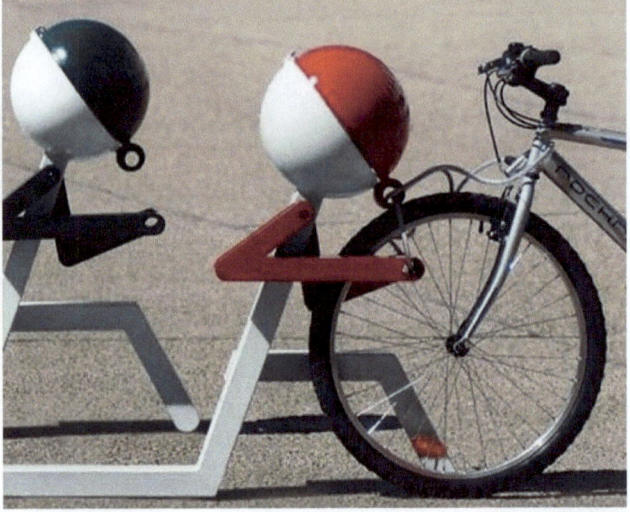

***Estacionamiento para bicicletas.***
　　Dejando a un lado los tradicionales tubos de acero, existe cualquier variedad de temas y formas que pueden aplicarse.
　　Incluso se adaptan a la comodidad del usuario.

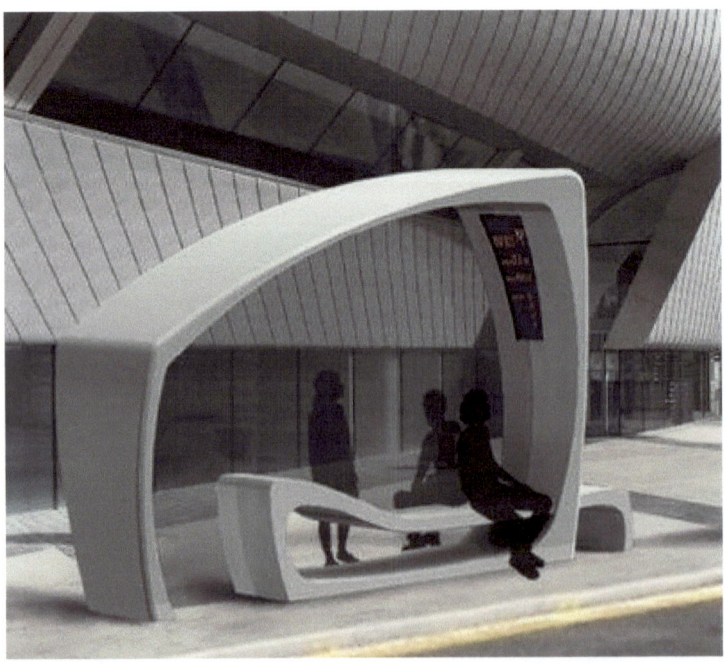

***Parada de autobús.***
　　Tampoco existe un molde para realizar paradas de autobús. Puede ir de una simple cubierta a algo más elaborado. Igualmente, los materiales pueden variar, desde policarbonato y metal hasta concreto y madera.

De seguro los caballeros no querrán esperar la siguiente ruta en una parada de Barbie, sin embargo, es evidente lo útiles que son para que las grandes marcas exhiban su publicidad. Desde la papelera hasta el asiento para esperar, no se perdió de vista ningún detalle rosa.

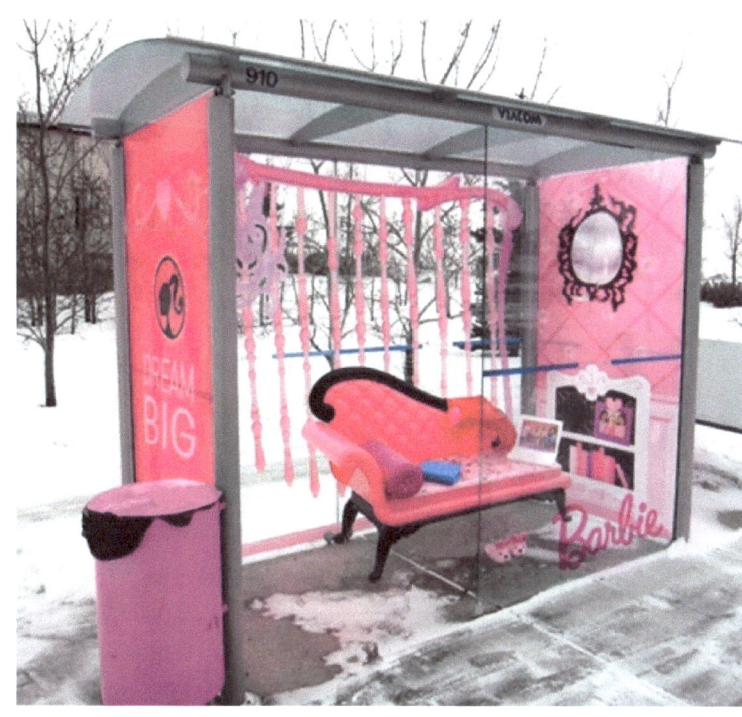

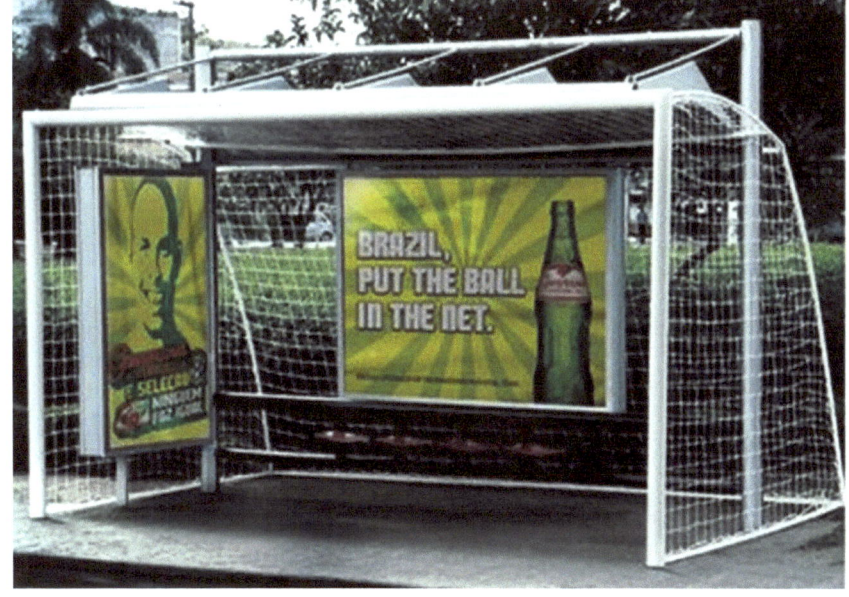

Y para ellos no podían faltar algo más deportivo. Una portería sirve de cubierta y los asientos hacen sentir a los usuarios a la espera de entrar a la cancha.

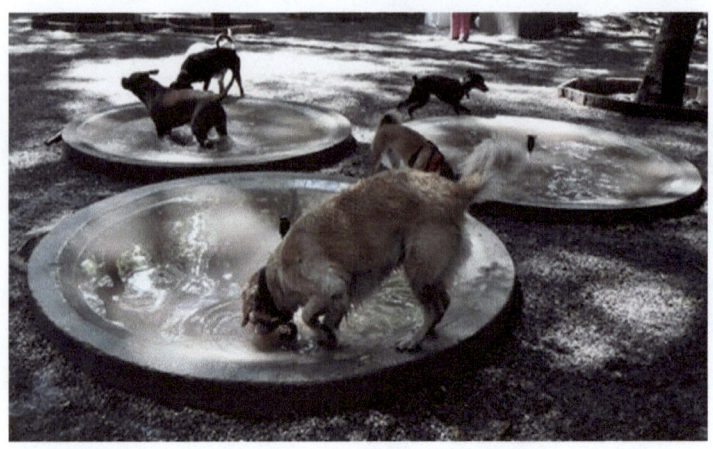

***Cuidando hasta el mínimo detalle***

Sin dejar a un lado a los clientes más chicos, las mascotas. Son tan importantes y exigentes como lo puede ser una persona. Pequeñas piscinas y bebederos de agua son buenas soluciones para consentirlos.

***Cubo de Basura***

Cubierto con tablones de madera al natural. Adiós al gris aburrido del metal.

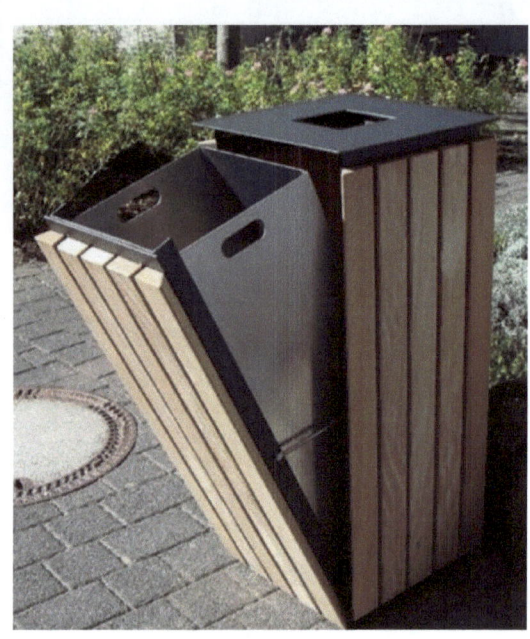

## RECICLA

La onda de lo verde y lo pro-ambiente, son temas que han tenido un fuerte impacto sobre la arquitectura. La importancia de reciclar, y la forma como esas ideas han sido explotadas, han logrado poco a poco modificar la percepción que el usuario tiene de sus despojos.

Hablar de reciclar, es ponerse en la tarea de someter aquellos objetos **usados** o considerados **desperdicios**, a un proceso de transformación y aprovechamiento para que puedan ser utilizados de nuevo.

Además de generar enormes beneficios para el planeta, ofrece excelentes ventajas a nivel energético, como son el ahorro de materias primas y de energía, mitiga la contaminación ambiental, evita la deforestación, contribuye a generar numerosos empleos y es una manera funcional de conservar aquellos objetos que han perdido su utilidad pero a los que se les ha tomado cariño.

Lo práctico en este sentido es que los muebles reciclados no solo contribuyen a cuidar el medio ambiente en muchas formas, sino que le dan un toque de originalidad a los espacios, son económicamente viables y sus procesos de creación muy agradables, fáciles, sustentables y hermosos.

✓ **Reciclaje de Huacales.**

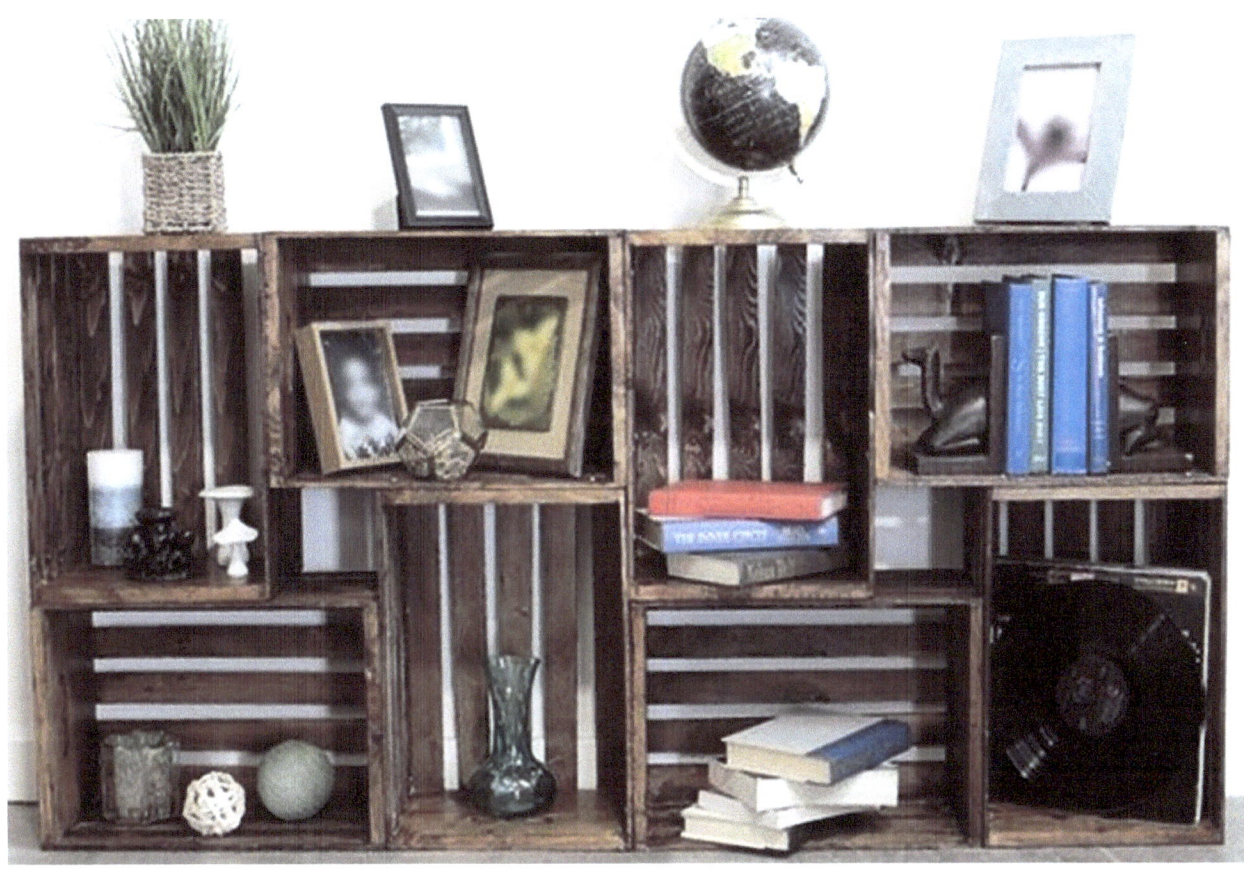

***Librero estante,*** en este caso los huacales fueron barnizados.

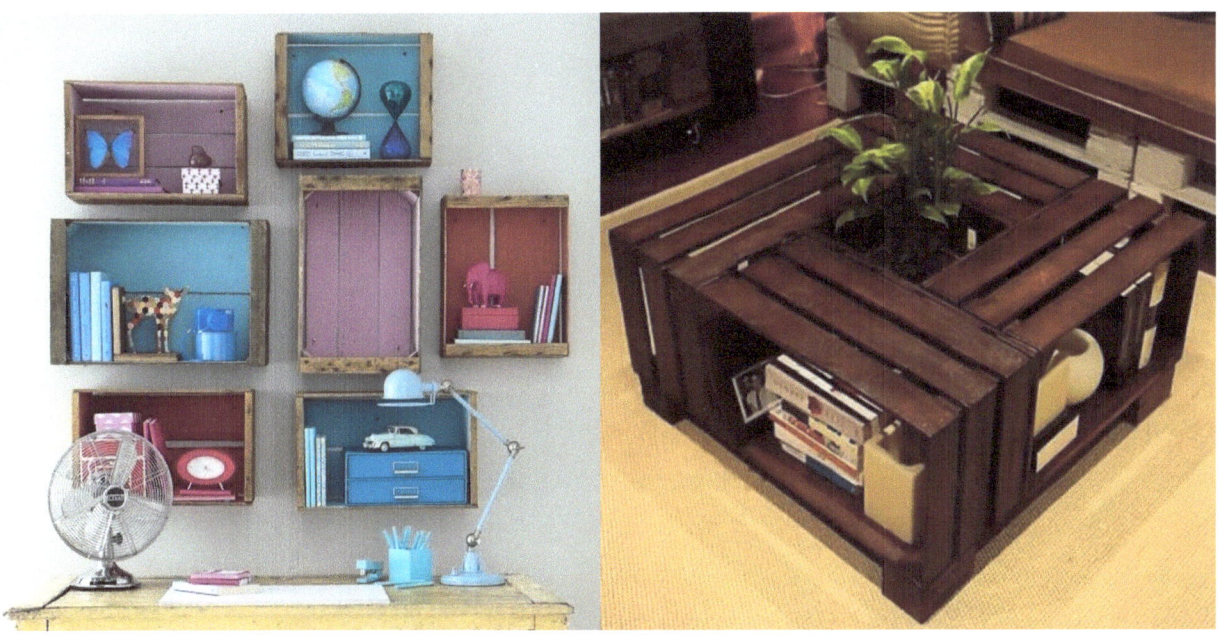

Repisas de huacales pintados y reforzados, magníficos para la oficina.

Huacales restaurados ensamblados, formando una mesa central, perfecta para el salón o la sala de estar.

✓ **Reciclaje de Estibas.**

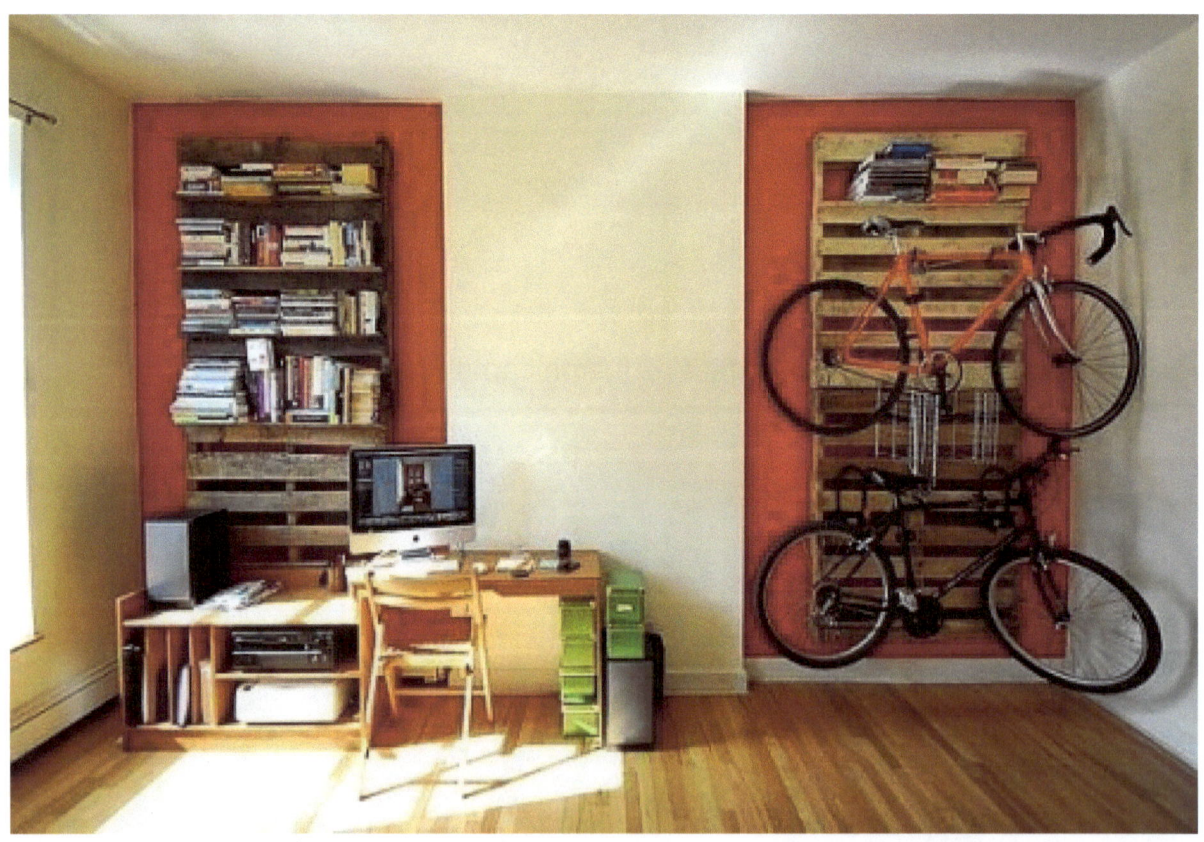

Repisa y organizador hecho con estibas, restauradas y acabado natural.

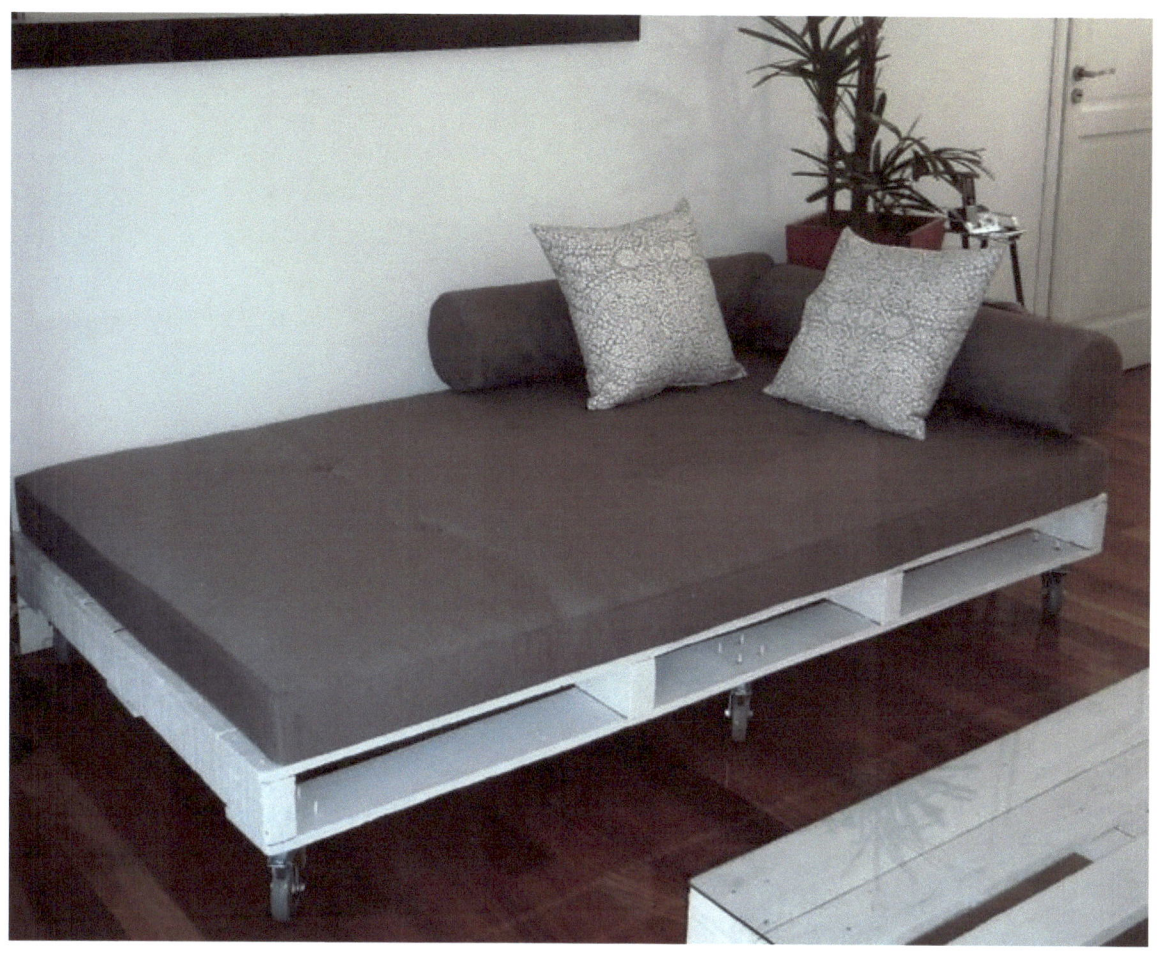

**Sofá-cama** realizado con estibas. Acabado en pintura blanca con ruedas.

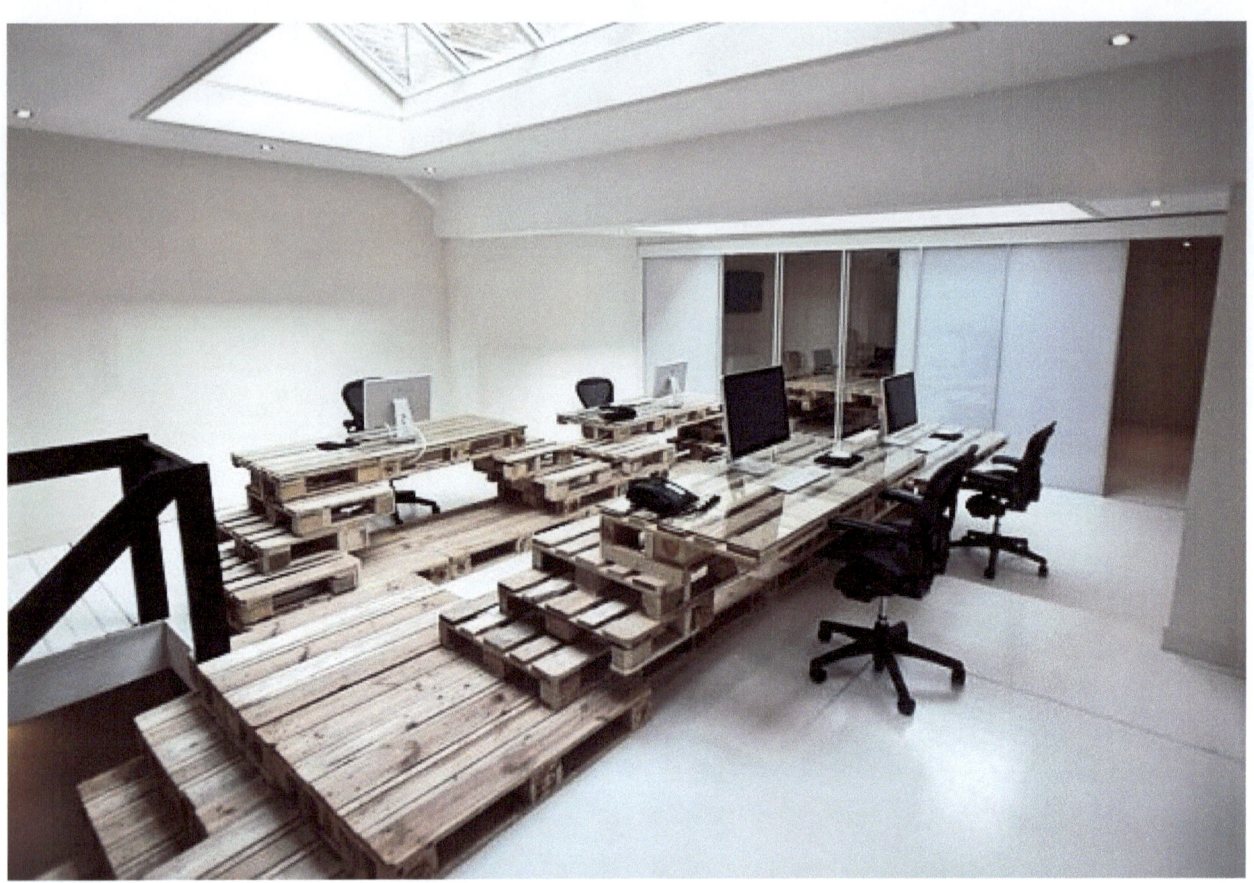

***Mueble de oficina*** completo, compuesto por tarima y escritorios. Acabado natural, estilo rústico.

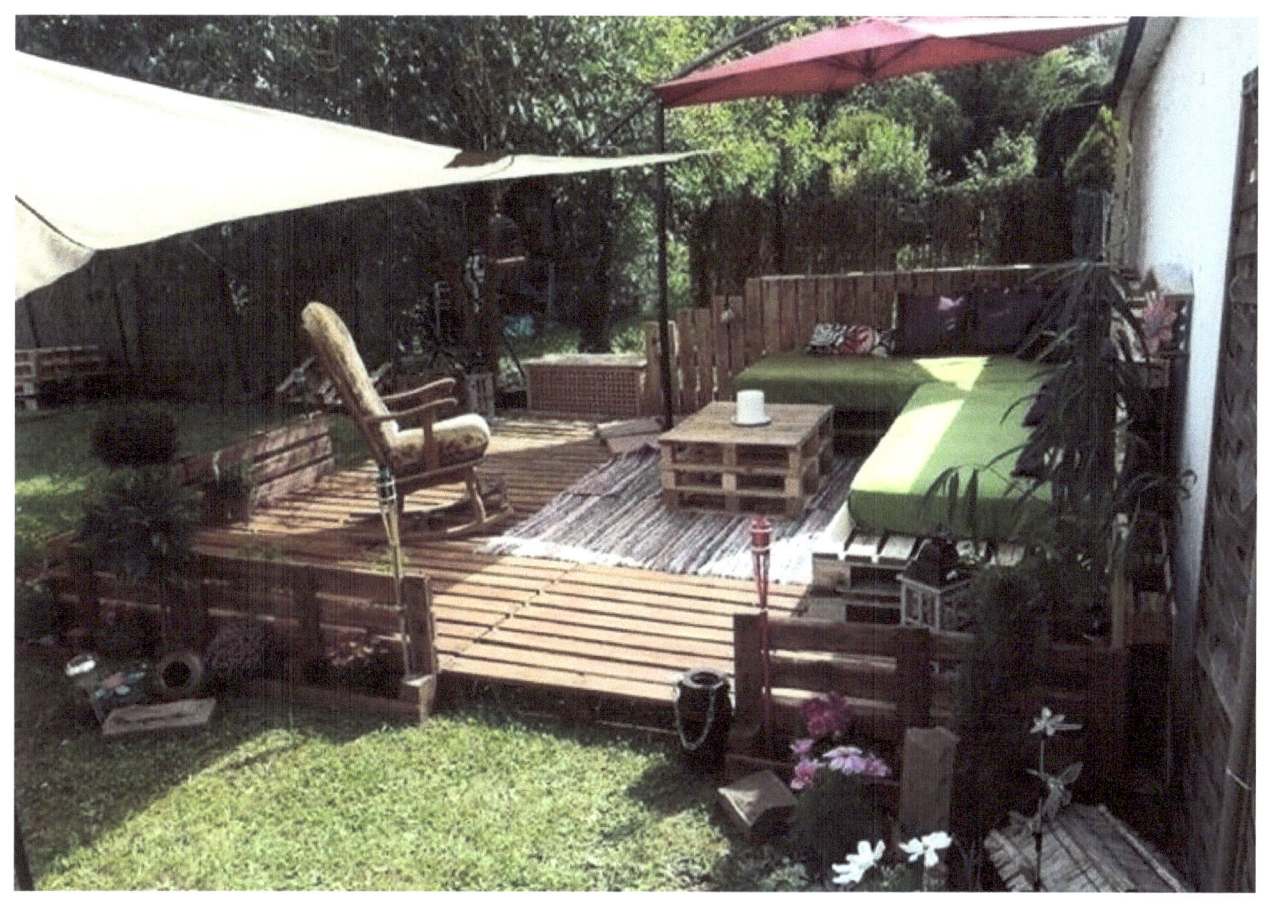

***Terraza exterior***. Piso y mobiliario hechos con estibas con acabado natural.

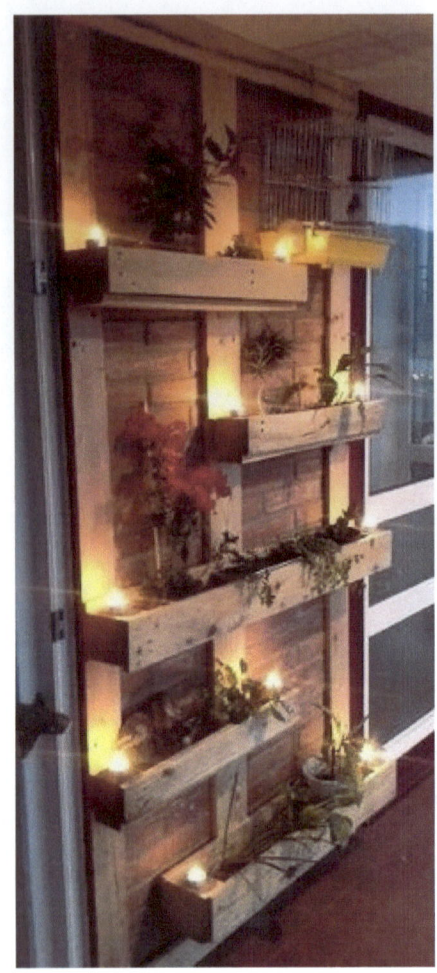 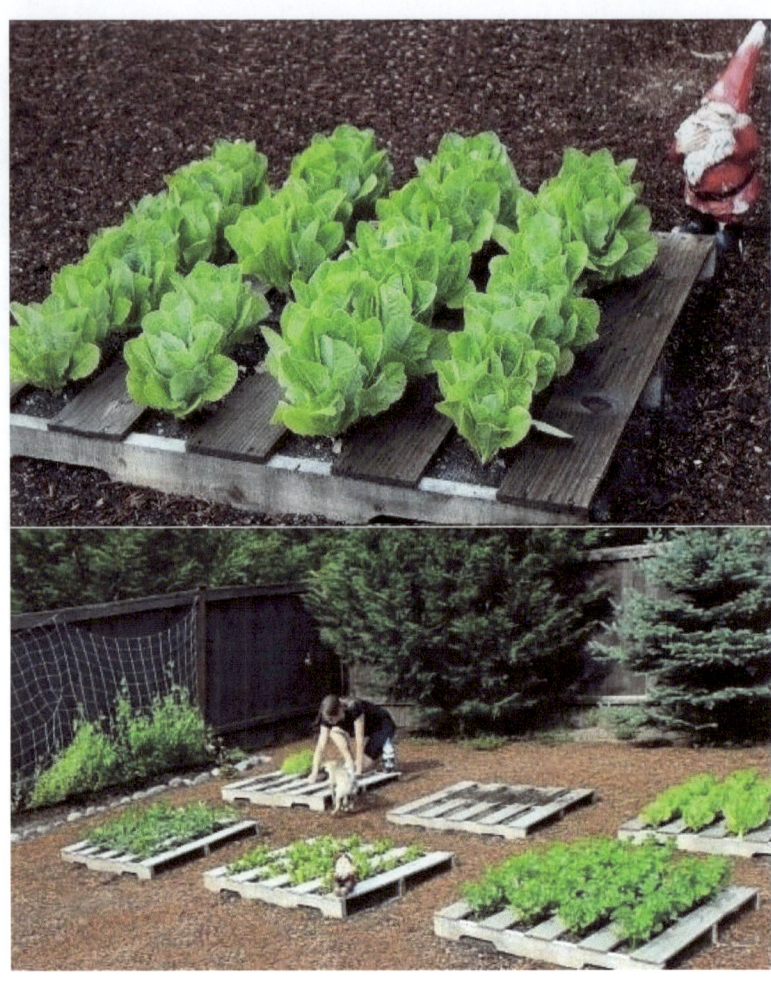

***Jardín Vertical y Huerto.*** Jardín vertical para decorar un tramo o una pared completa. O como guía para un huerto.

- ✓ **Reciclaje de Cauchos.**

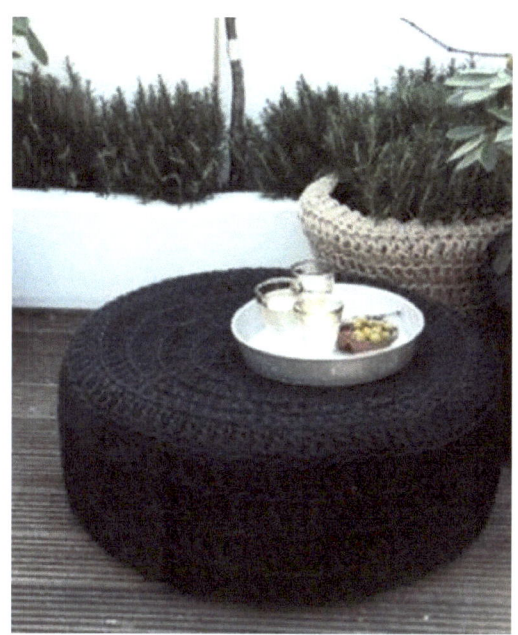 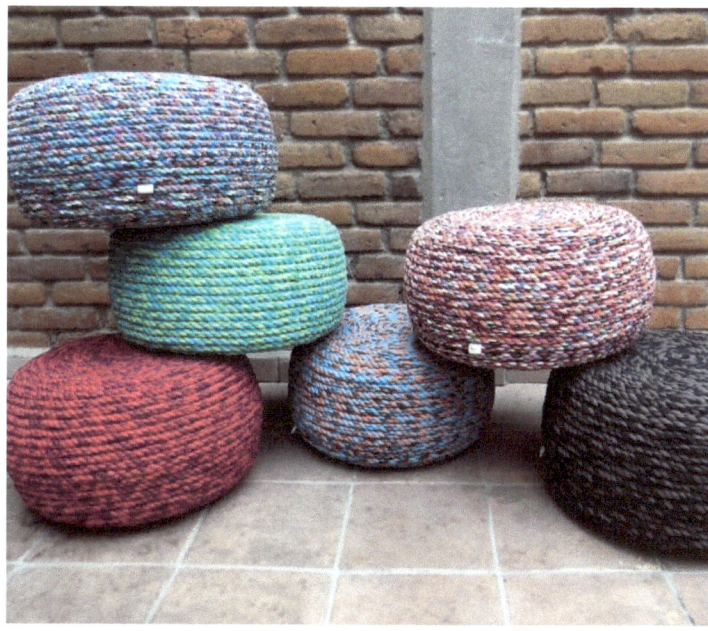

***Asientos o poof*** hechos con cauchos. Previamente limpiados, y con acabados en tela o hilo. Difícil de imaginar que en un principio estos delicados muebles eran unos rústicos cauchos.

- ✓ **Reciclaje de Barriles.**

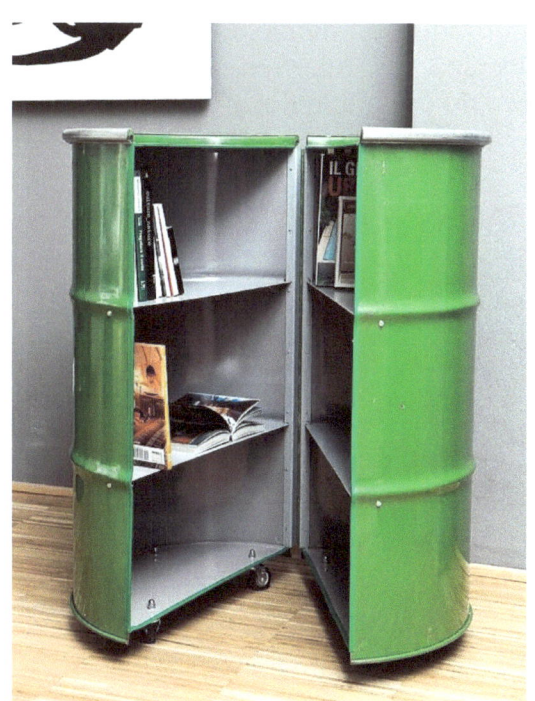 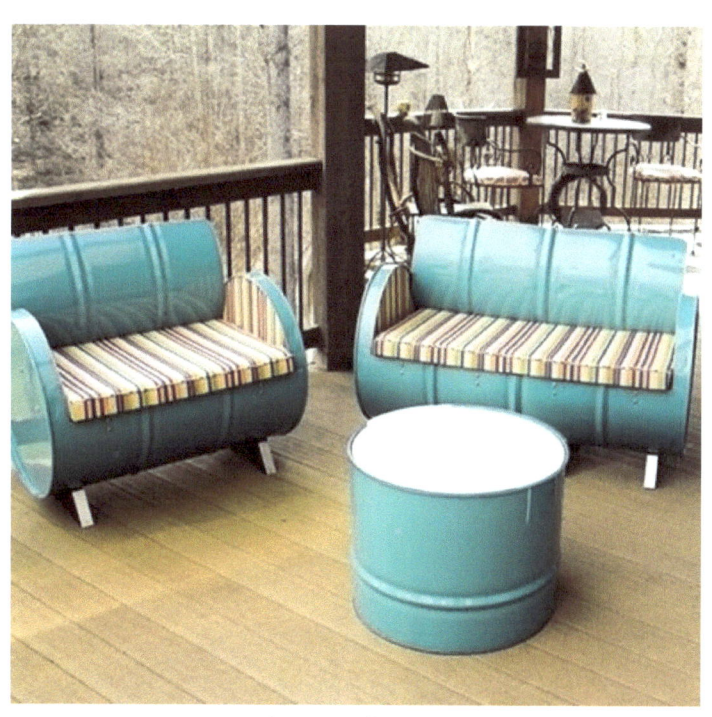

***Estantería o Repisa***                              ***Juego de muebles para el exterior***

- ✓ **Reciclaje de Tuberías.**

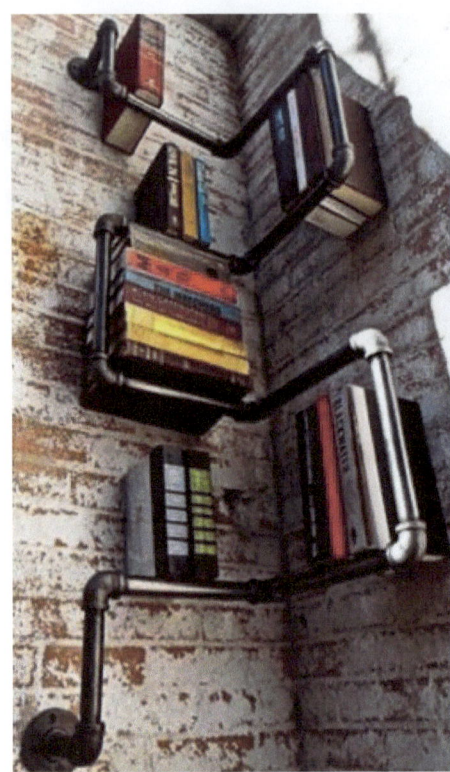
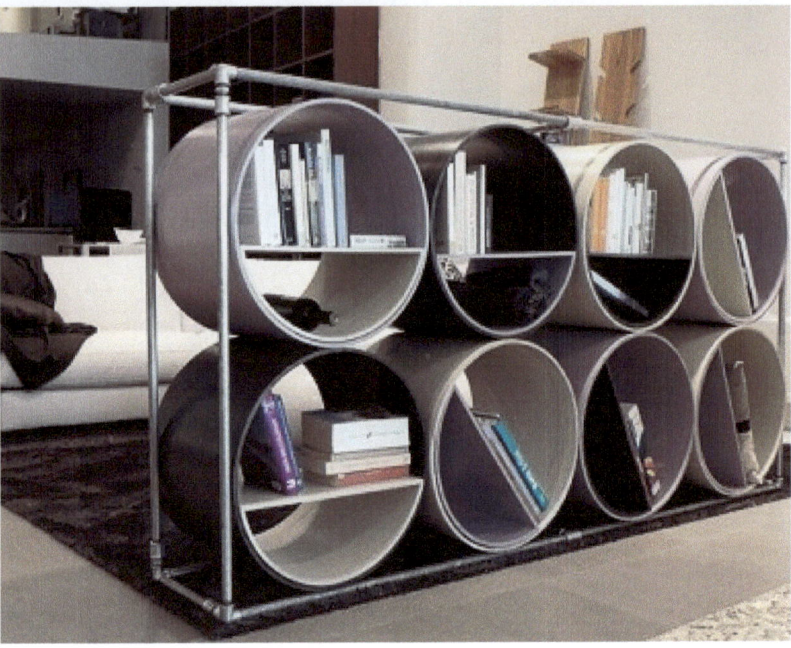

***Librero y Repisa.*** Siempre se ha hablado de la importancia de reciclar el plástico y el metal, y normalmente es relacionado con aquellos desechos domésticos. Sin embargo, estas imágenes demuestran que incluso las tuberías y los barriles pueden ser parte del mobiliario perfecto, en cualquier tipo de ambiente, y dar al espacio un toque rustico y elegante.

- ✓ **Mas para Reciclar.**

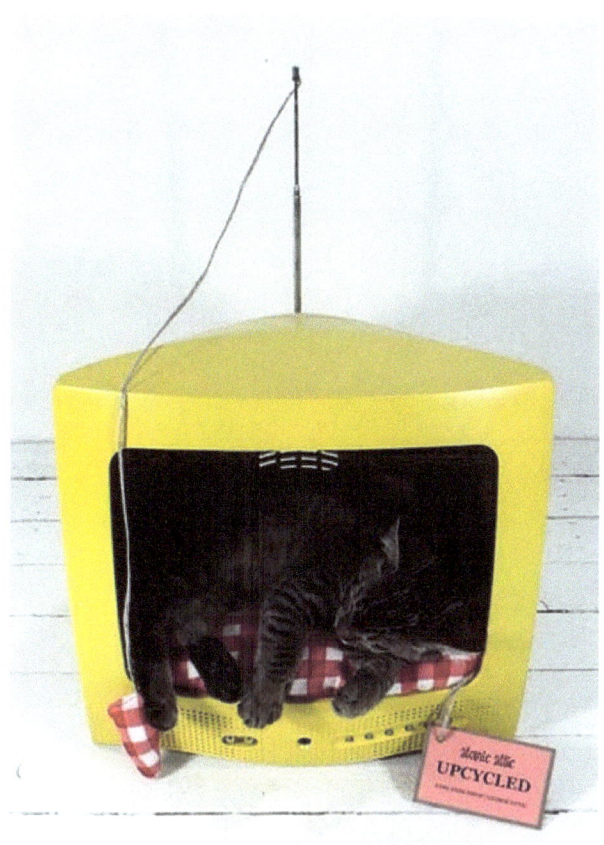
***Cama para el gato***, hecho con una T.V.

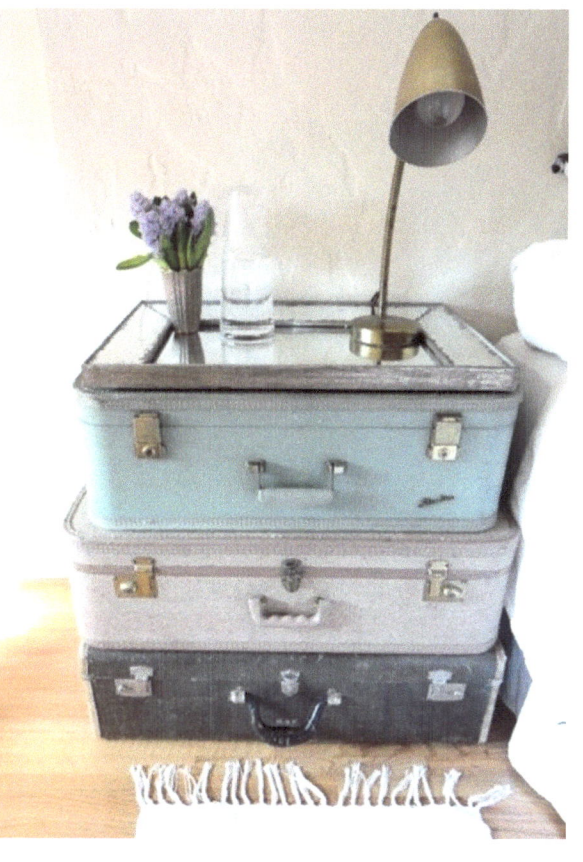
***Mesita de noche***, hecho con maletas antiguas.

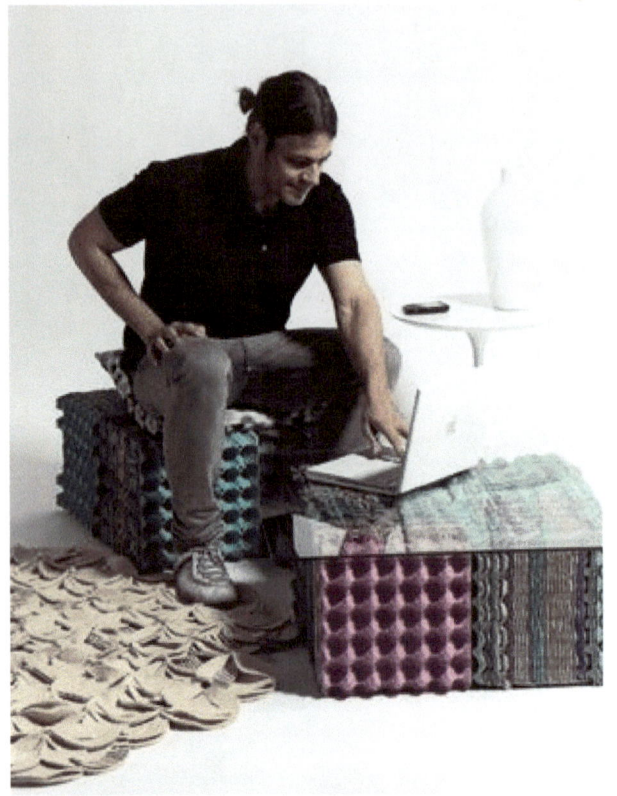
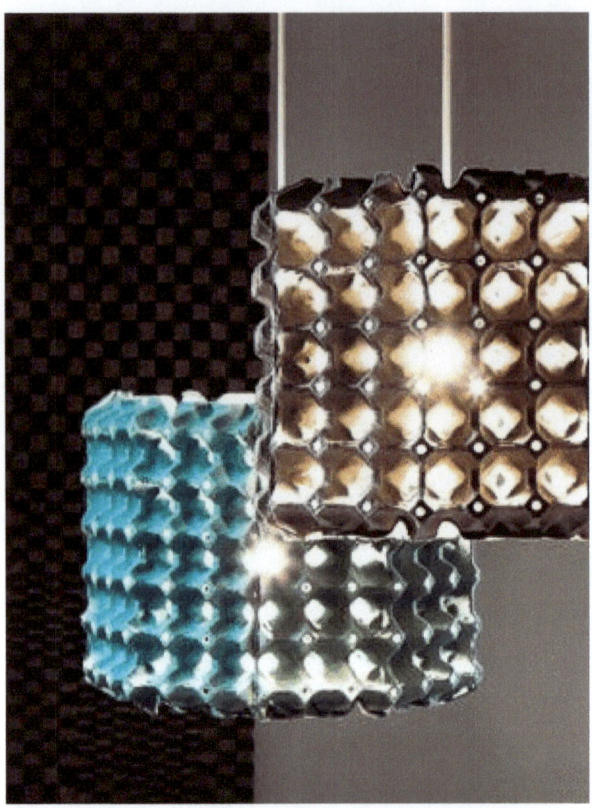

***Juego de sala y lámparas***. Realizados con el cartón reciclado.

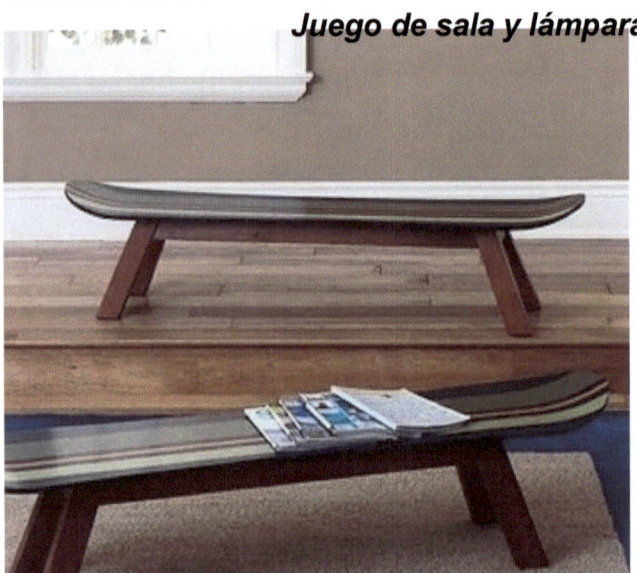
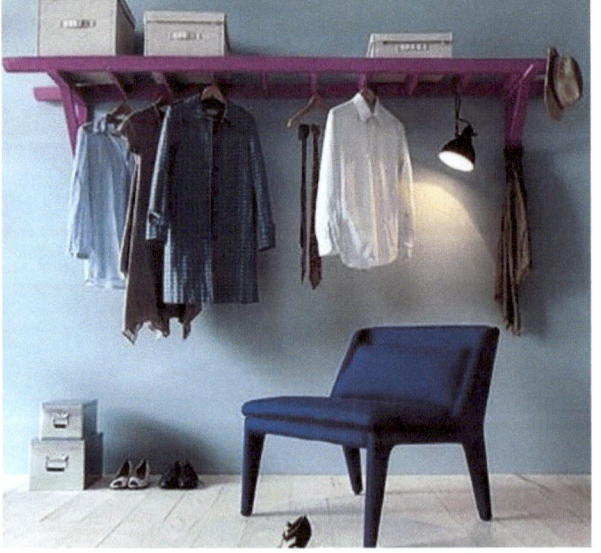

***Mesas auxiliares.*** Realizadas con tablas de patineta.

***Repisa Perchero.*** Hecho con una escalera antigua.

Y esto son solo algunas delas innumerables ideas que podemos aplicar para hacer un mobiliario agradable, comodo, sencillo, particular y que se adapte a las preferencias de cada individuo.

# MOBILIARIO PERFECTO

## ERGONOMÍA

Hemos mencionado anteriormente que el buen diseño de un espacio está bastante relacionado con el mobiliario y el aspecto ergonómico de cada una de las piezas es fundamental, pensar en un diseño universal es puntual para brindar al usuario la comodidad necesaria al habitar los espacios por el tiempo que necesite.

La ergonomía es la disciplina científica relacionada con la comprensión de las interacciones entre seres humanos y los elementos de un sistema (hombre, maquina, ambiente), es aplicable en el diseño de ambientes, herramientas y tareas, de modo que coincidan con las características fisiológicas, anatómicas, psicológicas y las capacidades de los usuarios que se verán involucrados.

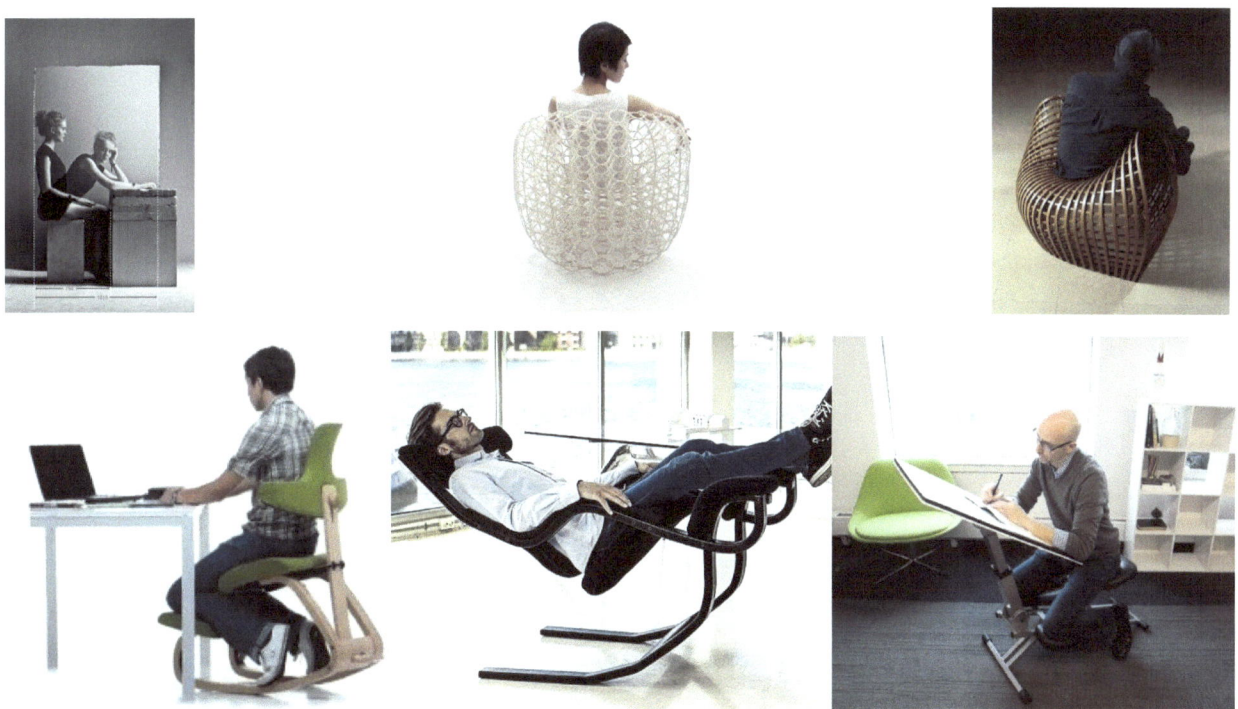

## ESCRITORIO

Los escritorios son independientes de tu tipo de trabajo al igual que las sillas y un lugar para almacenar y organizar tu implemento. Procura que cada mueble tenga una función, olvídate de aquellos decorativos que sólo ocupan espacio innecesariamente y asegura que la decoración esté basada en aquellos que son útiles para tu desempeño.

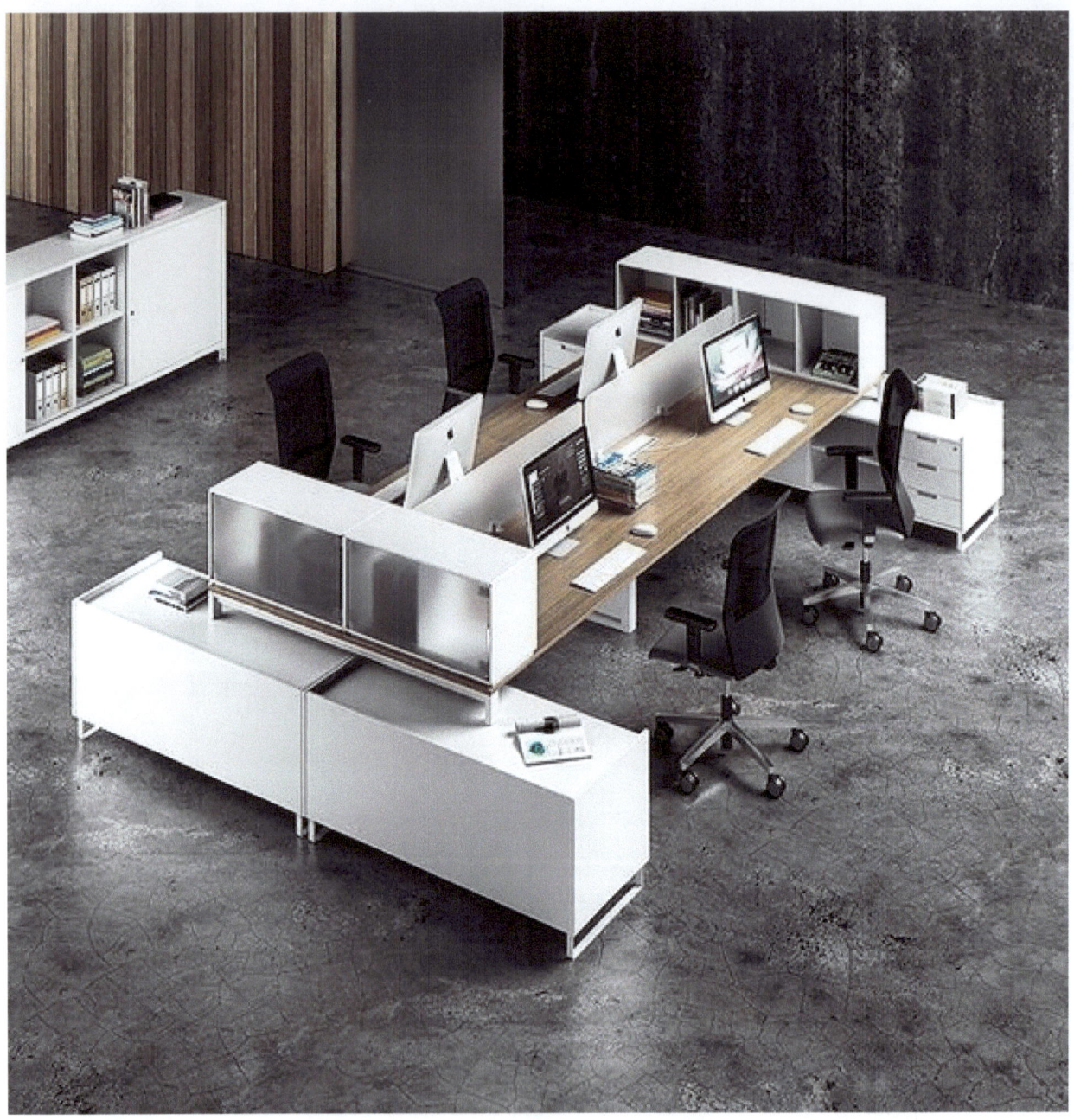

Los escritorios son independientes de tu tipo de trabajo al igual que las sillas y un lugar para almacenar y organizar tu implemento. Procura que cada mueble tenga una función, olvídate de aquellos decorativos que sólo ocupan espacio innecesariamente y asegura que la decoración esté basada en aquellos que son útiles para tu desempeño.

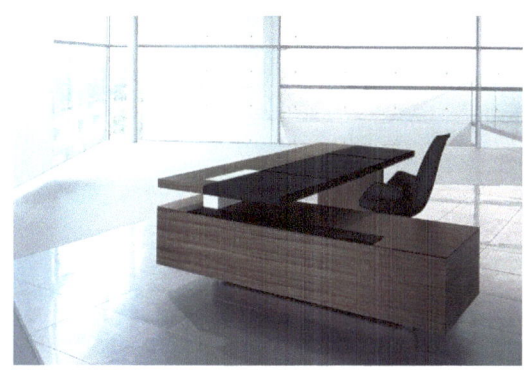 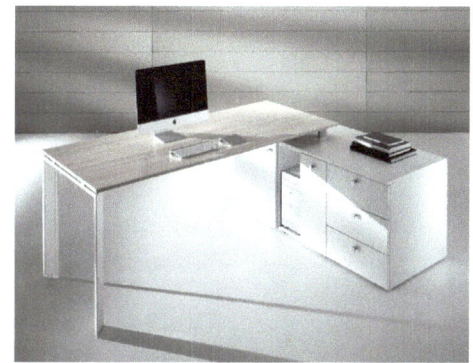

**Lo mejor es elegir un escritorio** pequeño si la mayoría de tus tareas son en computadora; entre más labores manuales realices, más grande será tu escritorio para finalmente convertirse en una **mesa de trabajo.**

Si tu trabajo es estar la mayoría del tiempo sentado entonces antepone comodidad a apariencia; comprar una **silla** ergonómica es una inversión que vale la pena y tu espalda lo agradecerá.

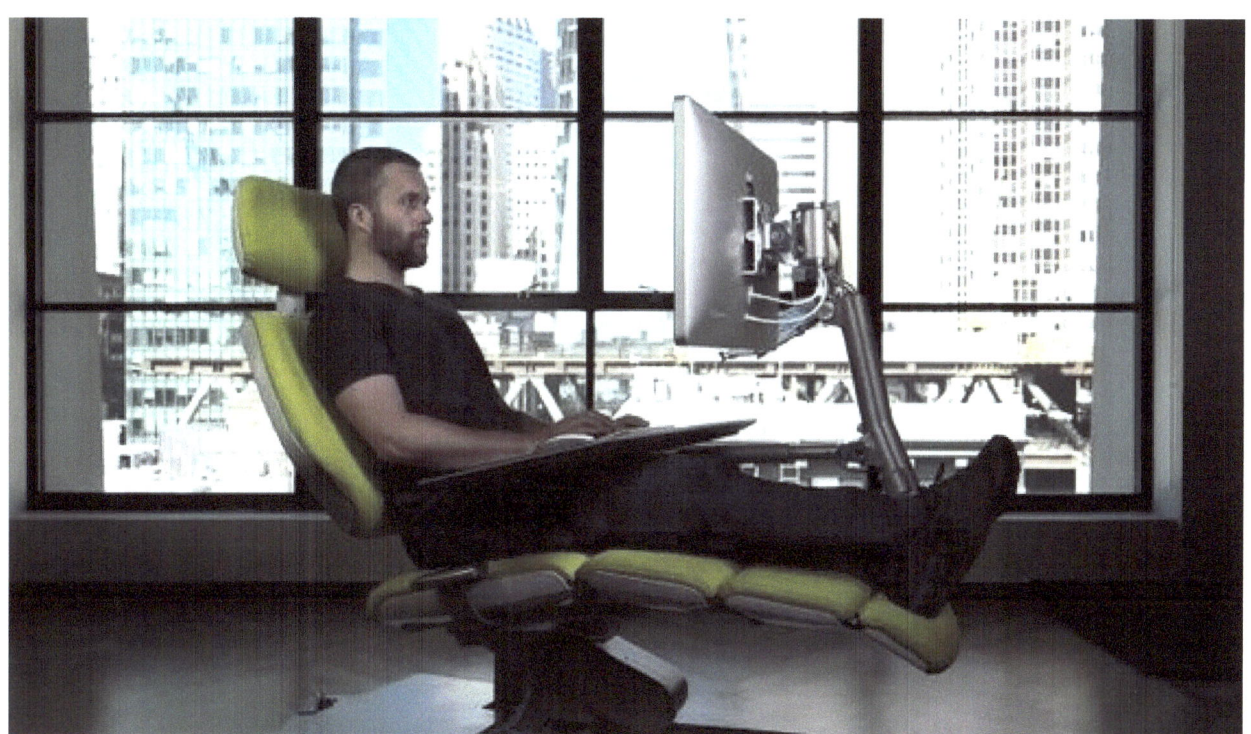

El mueble para almacenar es probable que lo necesites y este es conveniente que lo escojas bajo la misma línea de diseño que el escritorio. Un **gabinete**, un librero o un estante, dependiendo de tu perfil, resultan óptimos para organizar documentos, revistas, cuadernos de apuntes, lápices, discos, plumas, hasta telas o pinceles, dependiendo de tu profesión. Orden, organización y **practicidad** en tu espacio son fundamentales.

## ESTANTERÍA

Las estanterías o librerías son muebles muy útiles ya que nos ofrecen una gran cantidad de espacio donde poder colocar todas nuestras cosas. Además, **son perfectas como elementos distributivos del espacio**, creando separaciones entre espacio dándole aún más funcionalidad.

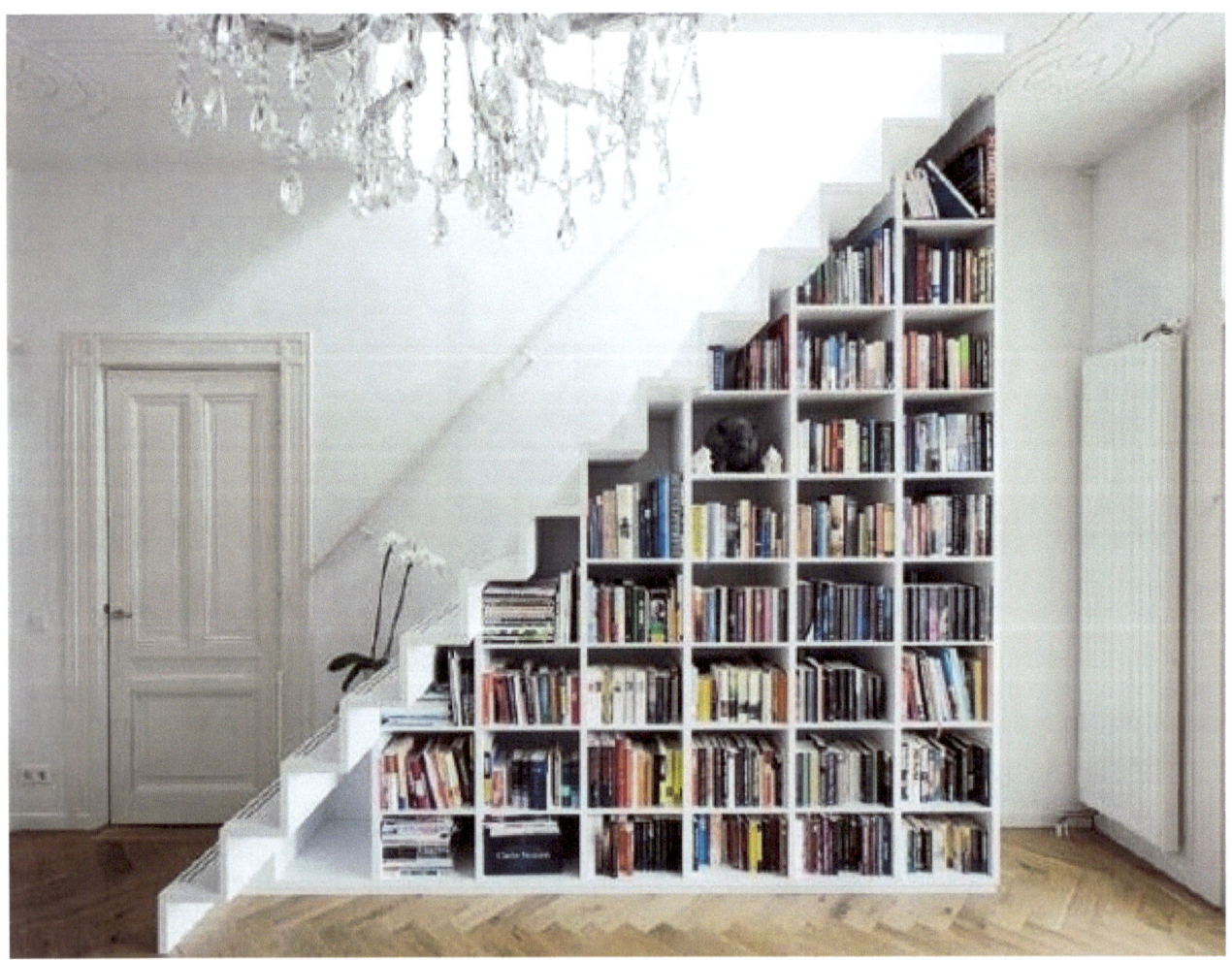

Lo habitual es contar con uno o varios módulos de estanterías, dependiendo del espacio que tengamos. Lo que sí es importante que estén cerca de nuestro lugar de trabajo.

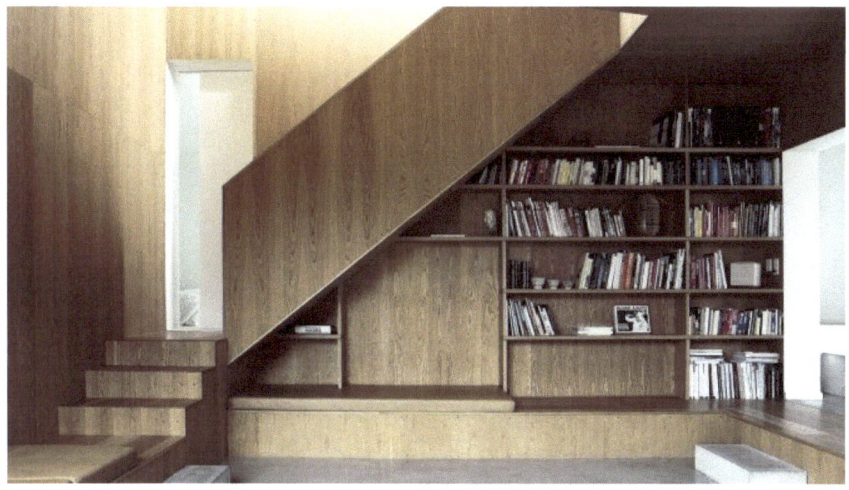
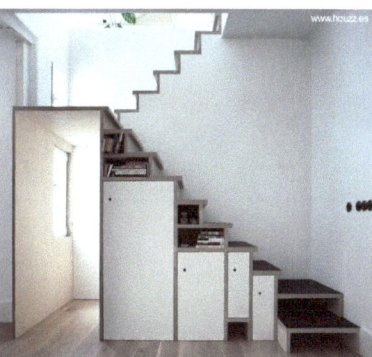

De esta forma, con un simple giro de la silla podremos alcanzar todo aquello que necesitemos. Esto sería lo ideal, pero no siempre es posible. Aquí entra en juego el espacio disponible.

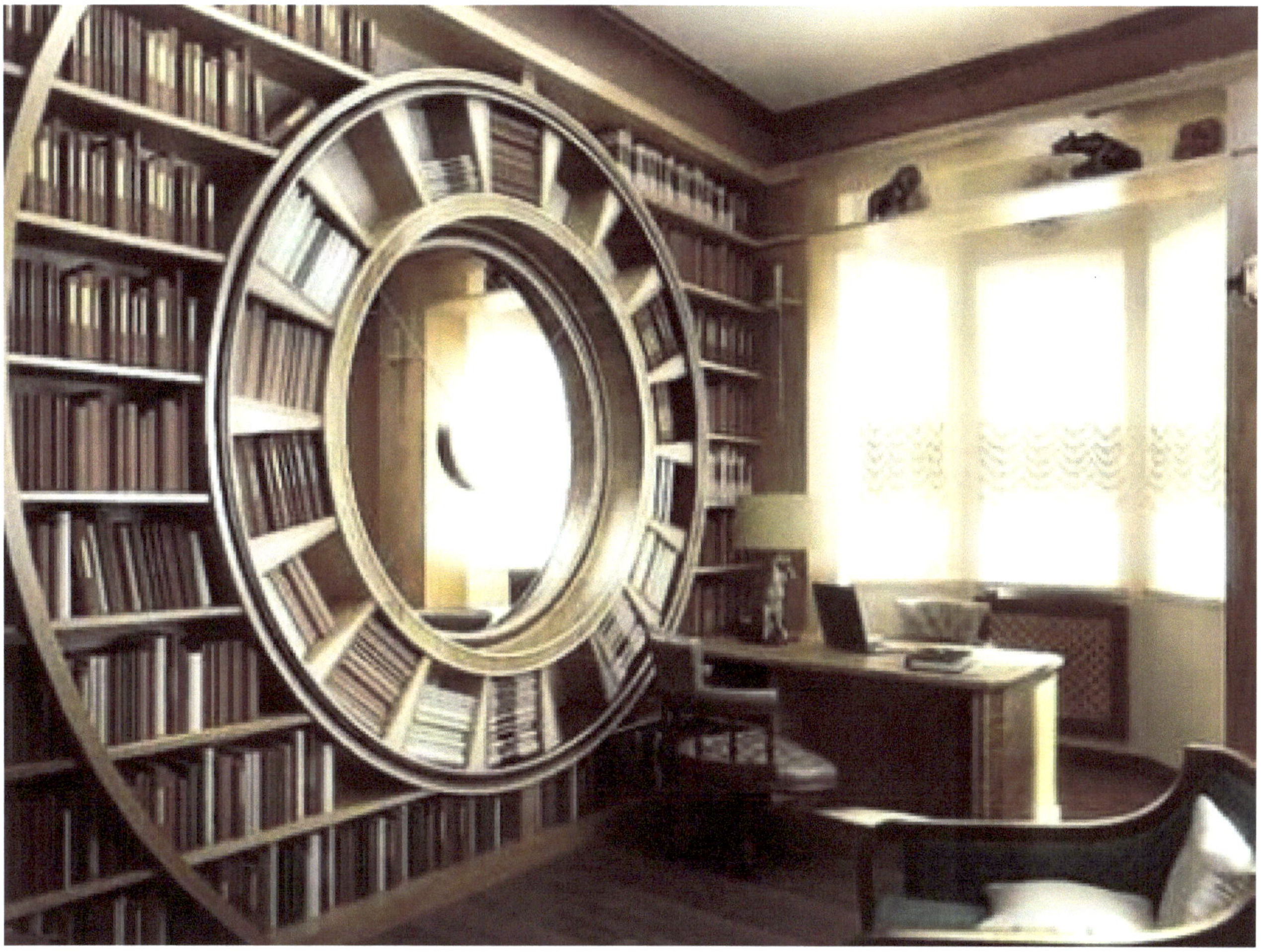

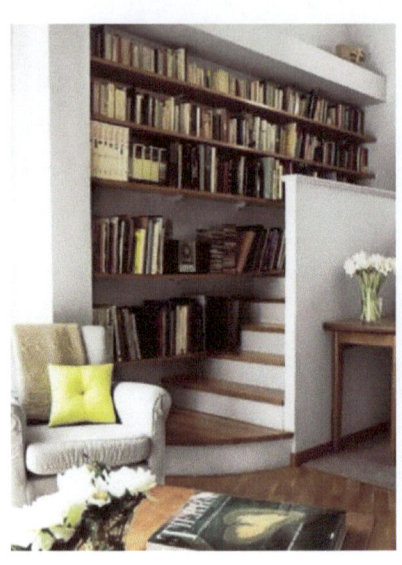 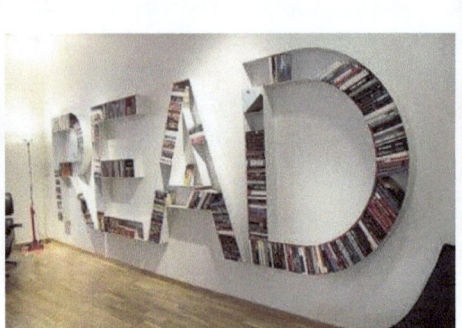 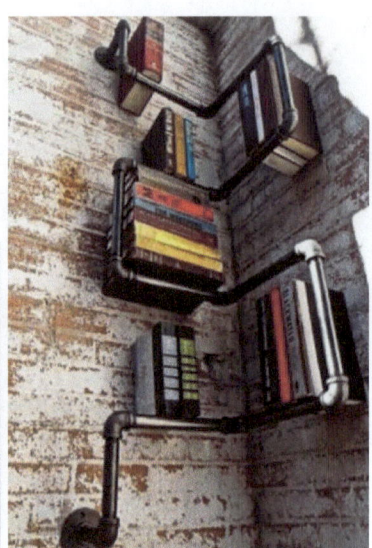

## REPISA

Una repisa es un elemento de la arquitectura o del diseño que sirve como sostén de algo. Se trata de un estante alargado en sentido horizontal que se fija a una pared para que puedan apoyarse cosas sobre su superficie.

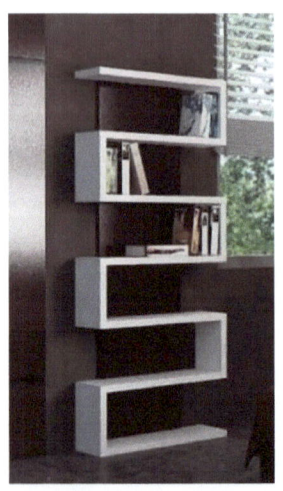 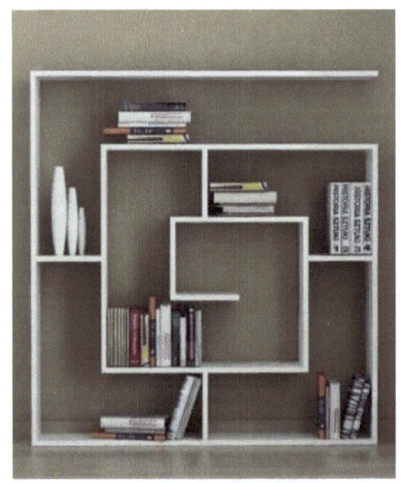 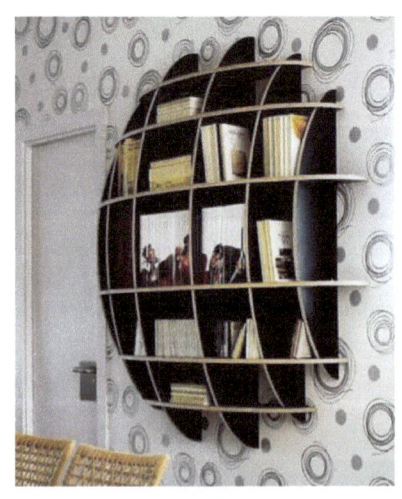

Inicialmente era una tabla sostenida con un pie de amigo. Hoy flotan en la pared, pues están encastradas con un perno. Al inicio eran tablas, hoy pueden ser rectángulos, hexágonos o cualquier tipo de figura hueca que permita colocar algo en su nivel. Y la pared puede ser cualquiera, revestida o no, libre o en nicho igual da. Las repisas son flexibles, solo les importa su utilidad. Pueden estar en el baño, en la cocina, en el estudio y donde quieras.

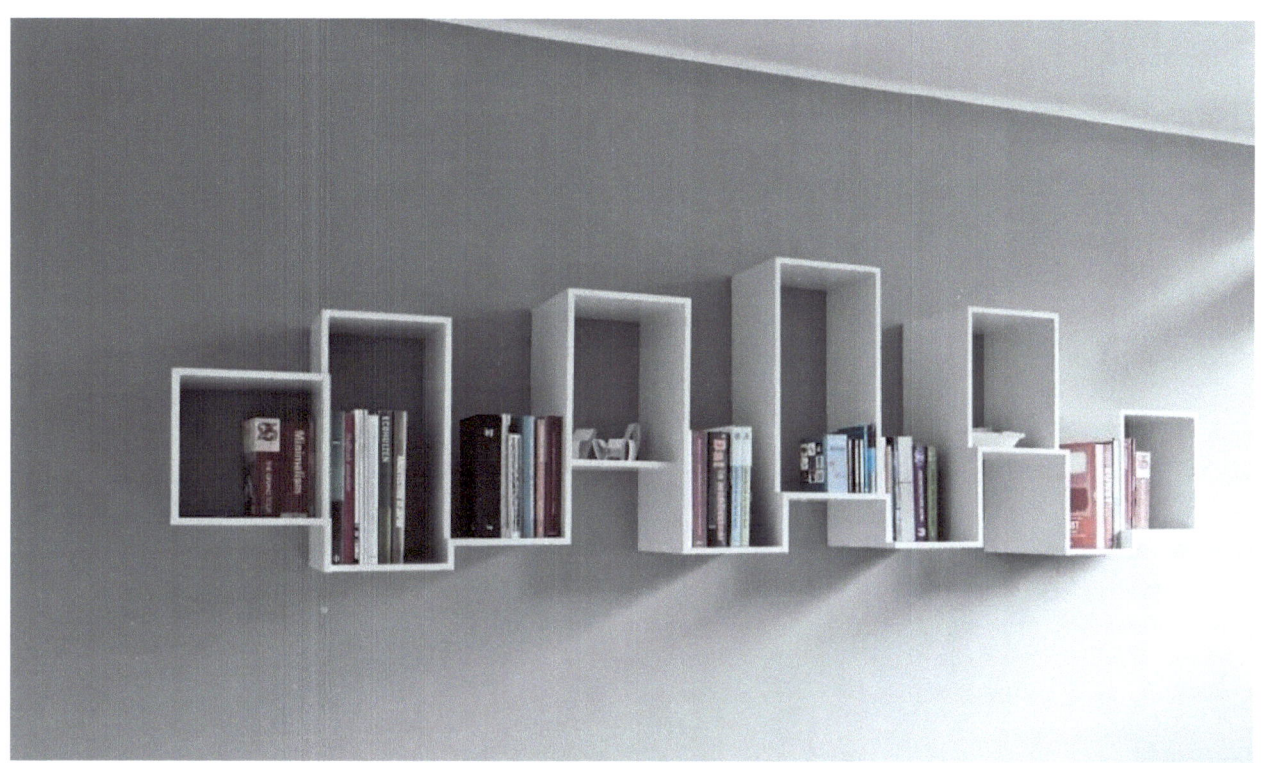

Algunos de los sinónimos que se agregan a repisa son anaquelería, andana, andén, plúteo, entrepaño, tabla, balda, poyata y velonera. Por otro lado, haciendo referencia al ámbito de la cocina y su tradicional mobiliario, es posible encontrar vasera, sobrado, aparador, cantarera y escudillero. En la arquitectura, por su parte, existe el término ménsula. En todos los casos, hay muchos usos y variaciones para cada palabra, así como la preferencia de una u otra según la región.

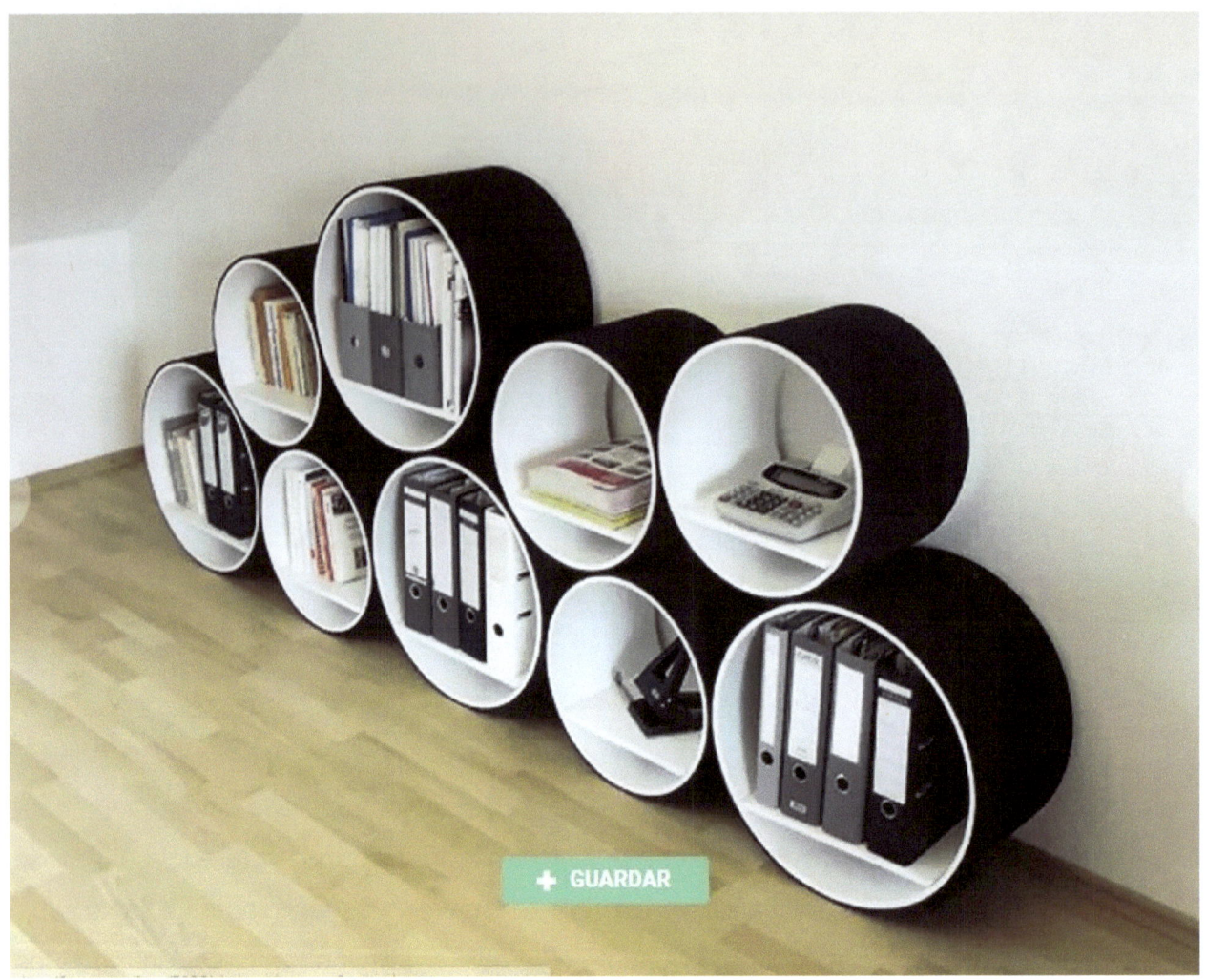

Es importante señalar que ubicar una pequeña escultura o un trofeo en un estante no siempre se hace con la intención de que otras personas lo vean; dependiendo del espacio en el cual se encuentren, el objetivo puede ser la ostentación, pero también la presencia cercana y cotidiana de dichos objetos, para sentir con más intensidad aquellos recuerdos que evocan.

También es frecuente que las repisas se empleen como bibliotecas, albergando libros. Gracias a sus características, es posible ubicar los libros en el estante y apreciar a simple vista el título de cada uno en su lomo.

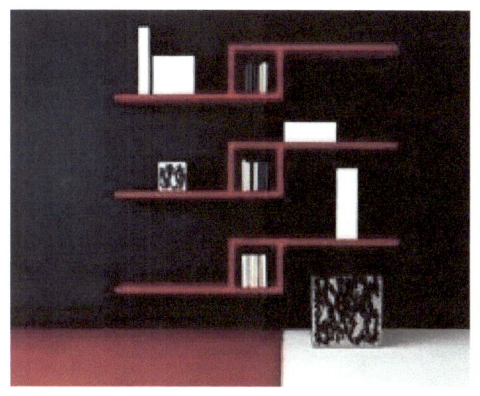 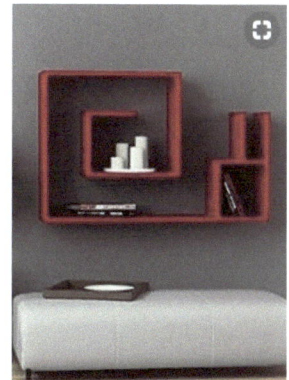 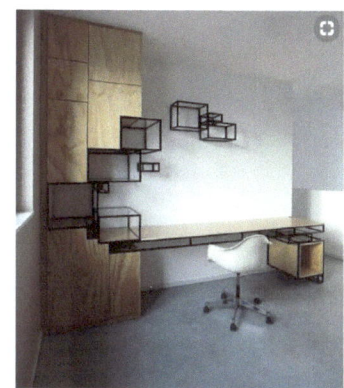

Cuando las repisas deben soportar mucho peso, apelan a distintos elementos de sujeción, como ménsulas o soportes adicionales a los clavos y tornillos. De hecho, una repisa puede ser parte de una estructura más compleja, que cuente con paredes y patas, tal como las típicas estanterías de los supermercados.

**SILLÓN**

Las sillas del despacho están relacionadas directamente con la comodidad y la salud del trabajador, de ahí que sea tan importante elegir el modelo correcto. Aquí hay que destacar que la comodidad no está reñida con el diseño, por lo que es posible encontrar sillas de oficina con un bonito diseño y que pueden ser realmente confortables.

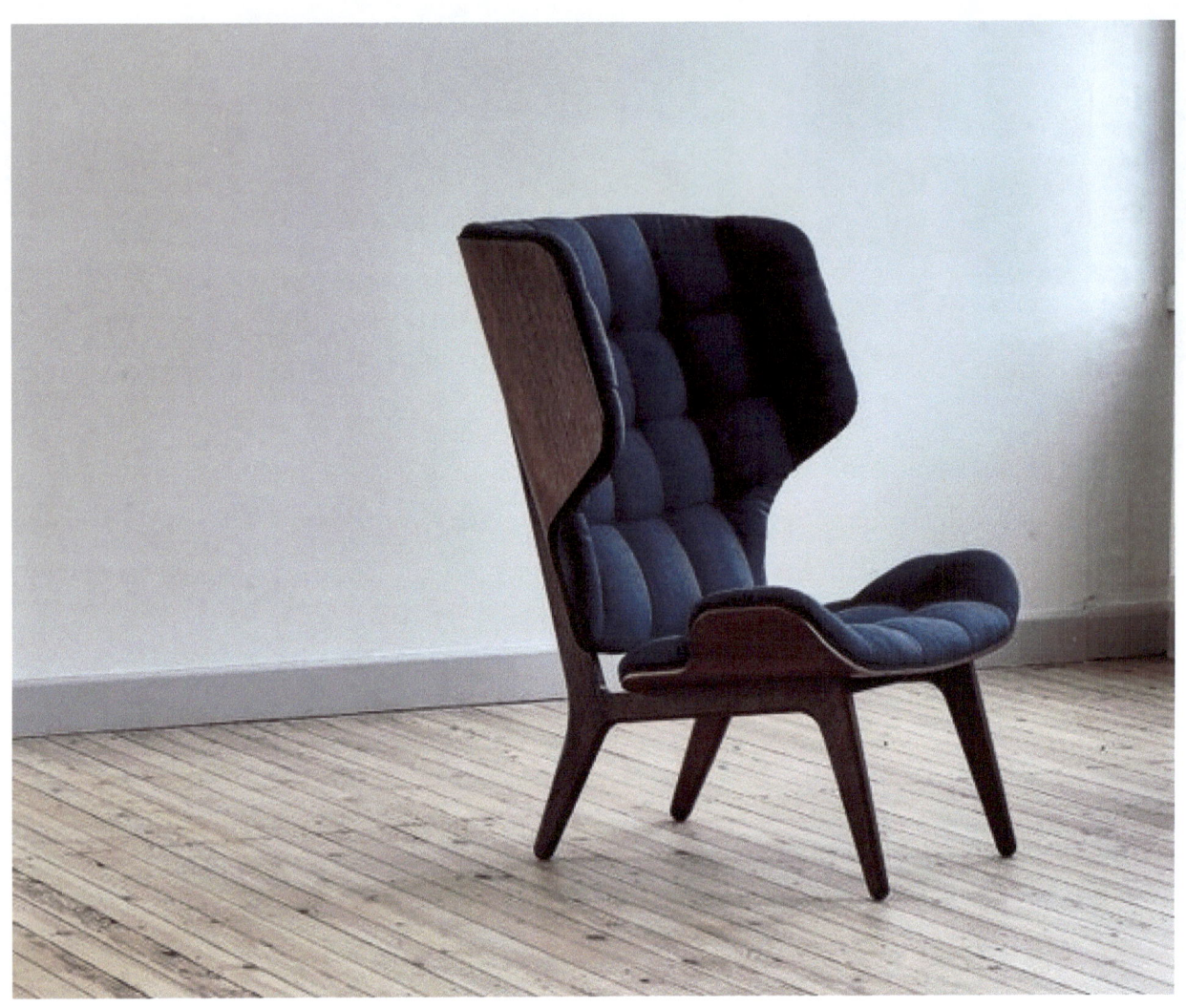

Las sillas acentúan la comodidad del lugar, su estilo y forma pueden variar según su utilidad y ergonomía en cada ocasión. Pueden ser el elemento principal del diseño o complementar la composición del mismo.

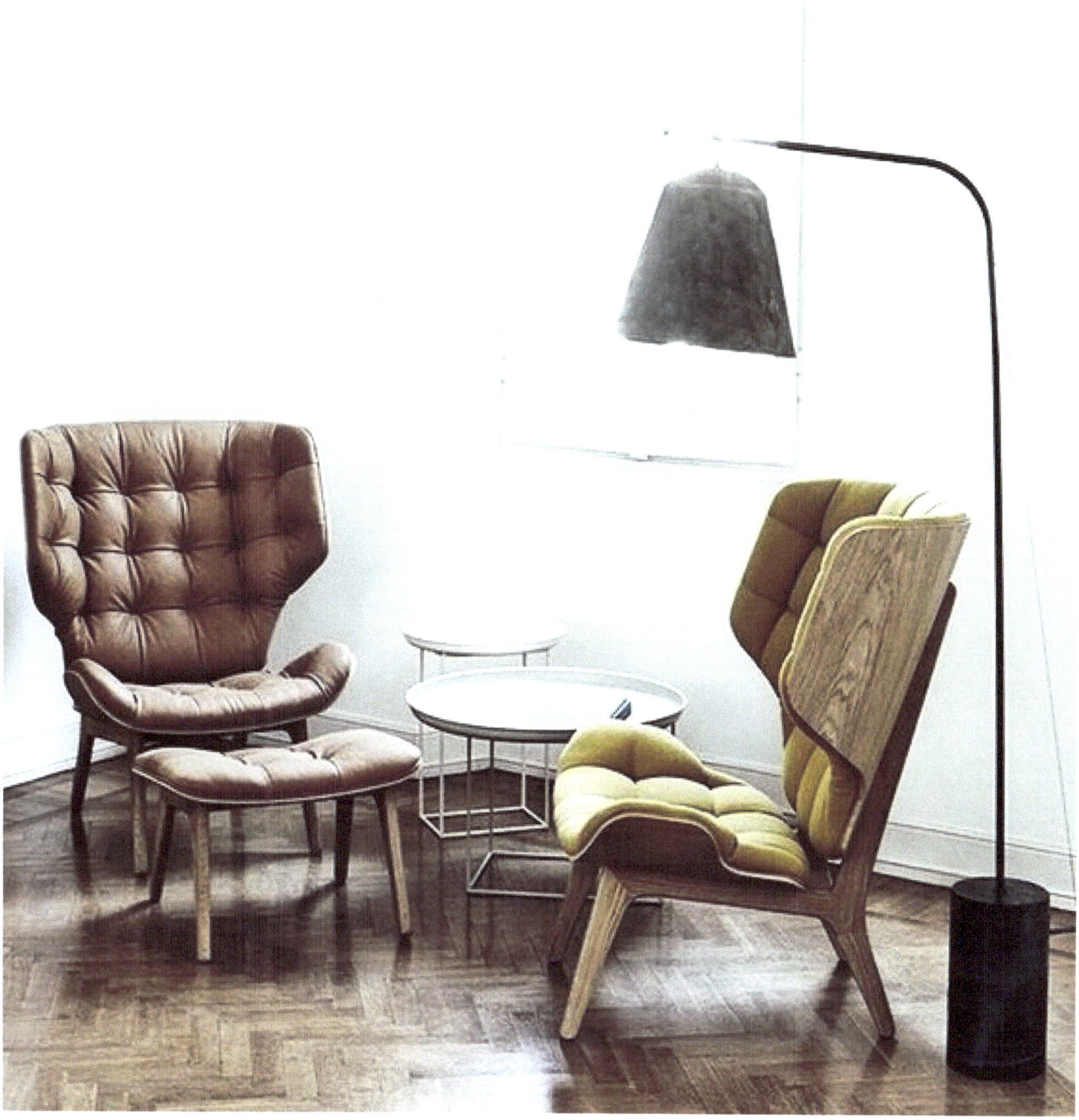

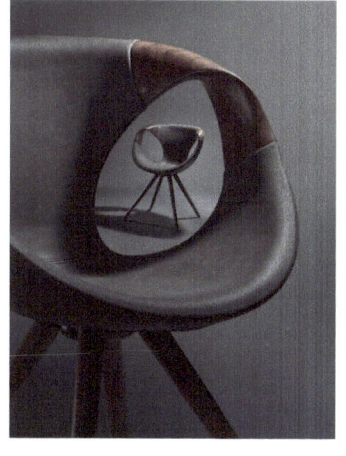
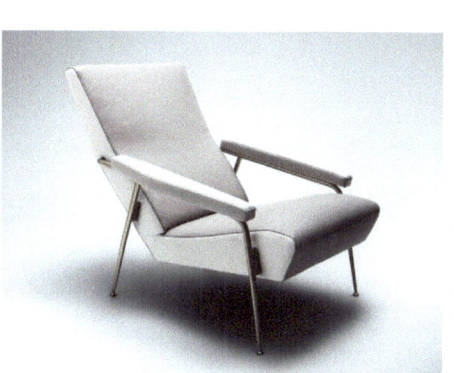
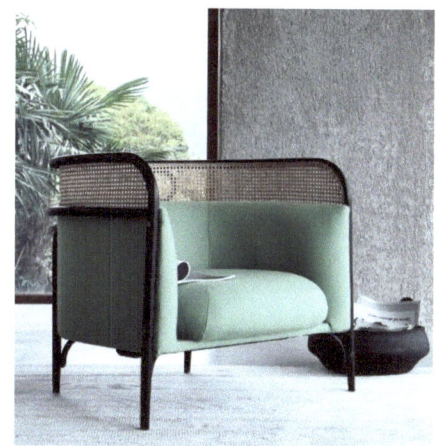

**TARIMA DE CAMA**

Actualmente, el mercado nos ofrece una infinidad de modelos de camas, que se ajustan a los gustos y necesidades de cada individuo, así si se tienen dos hijos que comparten el cuarto, por ejemplo, para ganar en espacio, se suelen recomendar las camas marineras o cuchetas, que consisten en una cama encima de la otra.

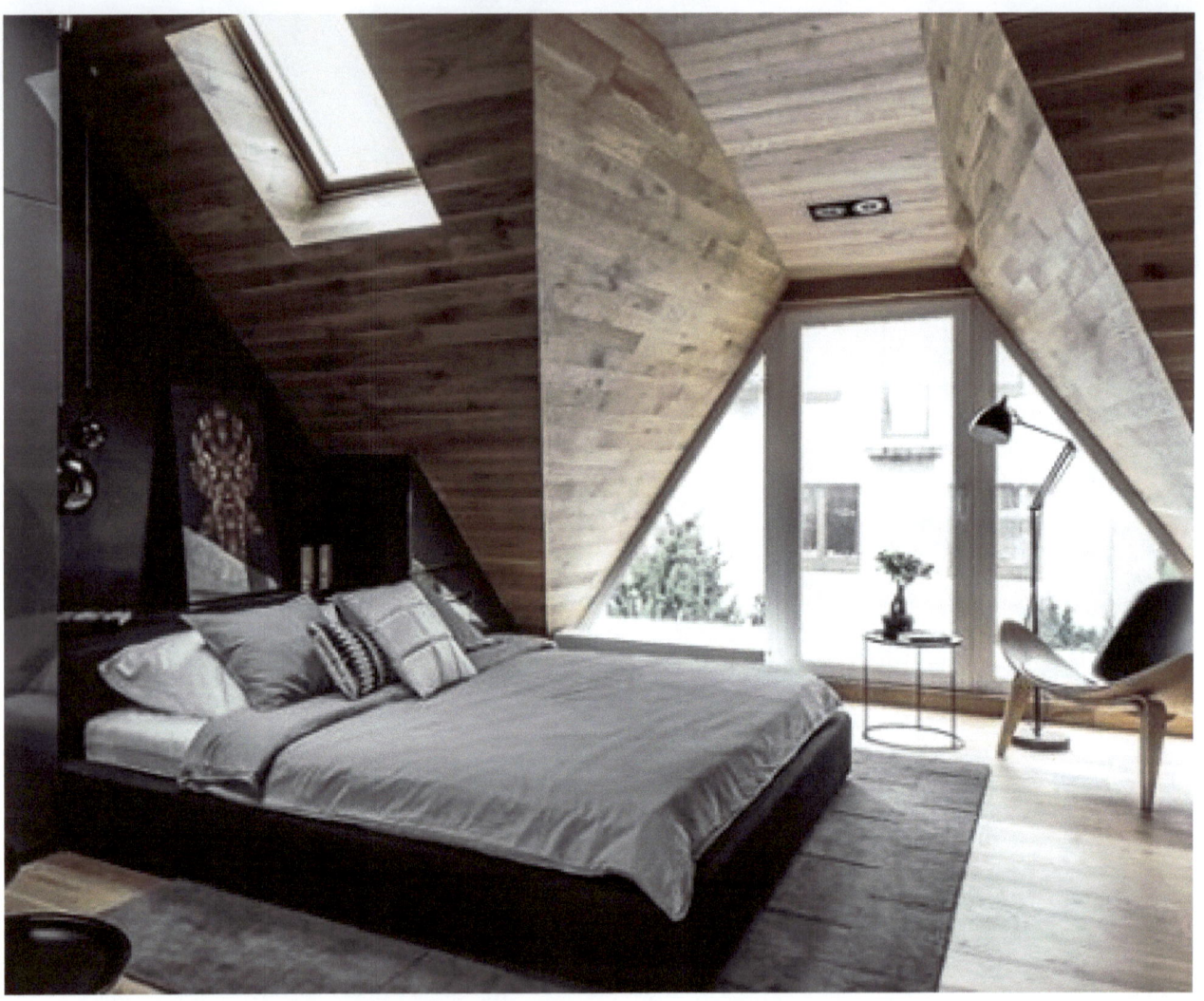

En los inicios de la humanidad, realmente, las camas eran muy precarias, compuestas de paja u otros materiales que se apilaban a la hora de descansar y a la mañana siguiente se retiraban. Con el tiempo y los avances se llegó a la elevación de las mismas respecto del piso y obviamente este cambio ganó en materia de evitar infecciones, suciedad o simplemente el deterioro general tras ser alcanzadas por la lluvia, por ejemplo.

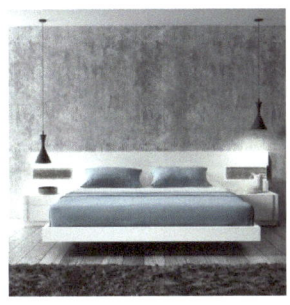 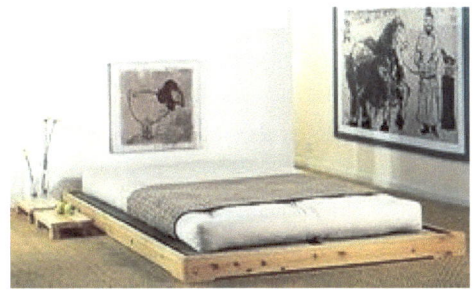 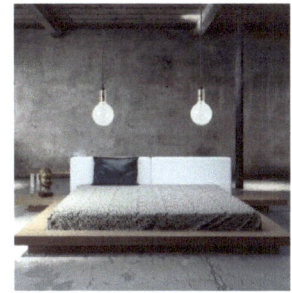

Generalmente, las camas se encuentran compuestas por dos partes, por un lado, la superior, conformada por el colchón y por el otro, la inferior, compuesta por una base rígida como un canapé, o en su defecto semirrígida, tal es el caso de un somier.

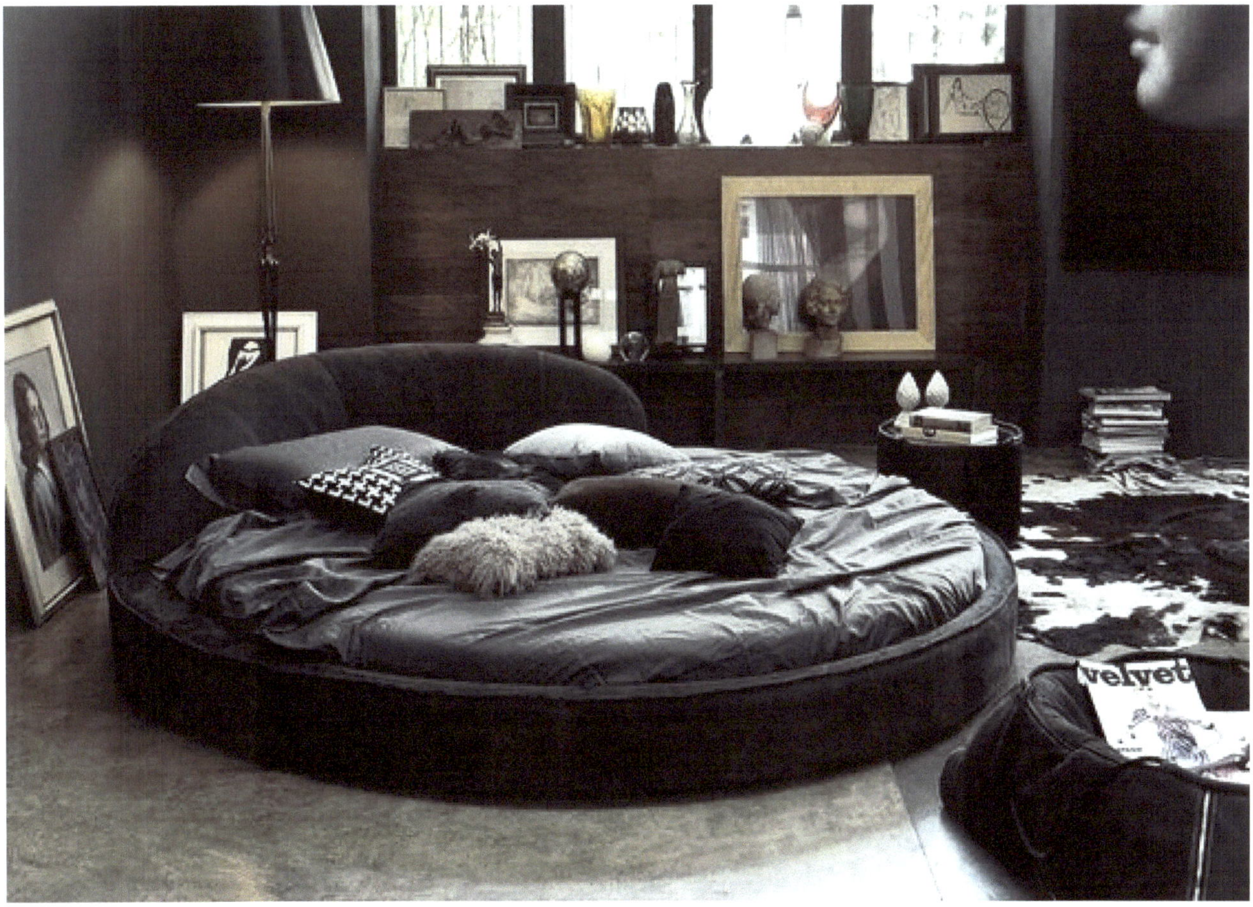

En tanto, las medidas estándar de las camas son: individual o una plaza (0,80/0,90 x 1,80/1,90) y matrimonial o dos plazas (1,40/1,50 x 2 metros de largo).

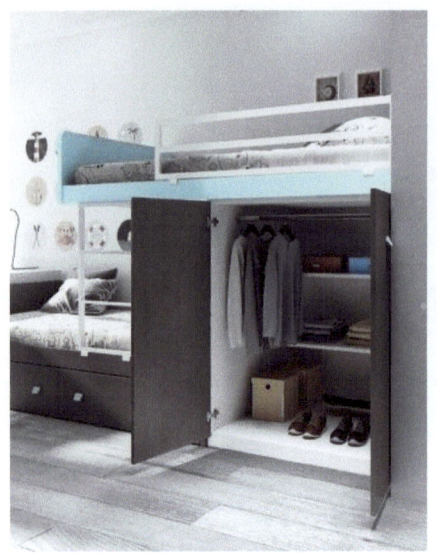 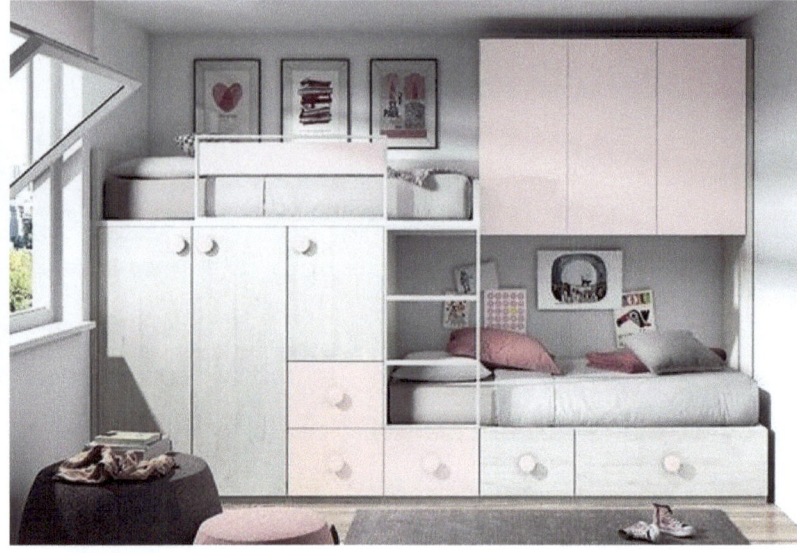

Por su lado, la llamada King size presenta el ancho de dos camas individuales.

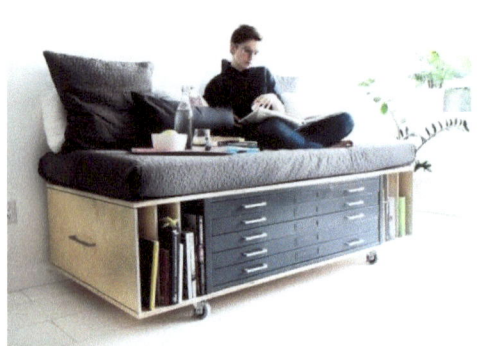 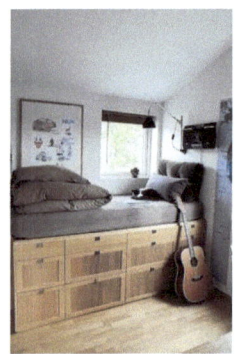 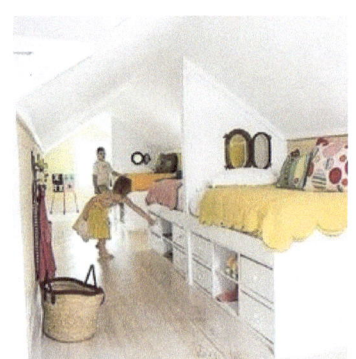

Y entre los tipos de cama más comunes se cuentan los siguientes: cucheta (son dos camas una arriba de la otra), elástica (lona flexible unida a un bastidor por medio de muelles, que permiten saltar y rebotar), nido (una cama estándar y otra de patas plegables que se guarda debajo), eléctrica (somier que se acciona a través de un motor eléctrico), plegable (cama que se extrae de un mueble y permite estar invisible y sin ocupar lugar en la casa durante el día), sofá cama (mueble con doble función, sofá y cama), cama turca (una especie de sofá sin brazos que permite el descanso), cama redonda (de formato redondo acepta varias personas), cama de agua (cama con el interior sellado y lleno de agua) y cuna (cama especial para bebés).

## ARMARIO

Hoy existe una gran diversidad de tipos de armario los cuales se pueden encontrar, a lo largo y ancho de las diversas estancias que componen una vivienda. En la cocina están para guardar alimentos o utensilios, en las habitaciones se utilizan para tener colocadas todas las prendas de vestir y en el baño se emplean para conservar todos los productos de higiene personal y estéticos. Metálicos, de plástico o de madera. Así pueden ser los armarios, aunque, no obstante, uno de los más frecuentes es el conocido como empotrado que es aquel que se crea aprovechando un hueco de una estancia por lo que su única parte visible es la puerta que lo abre.

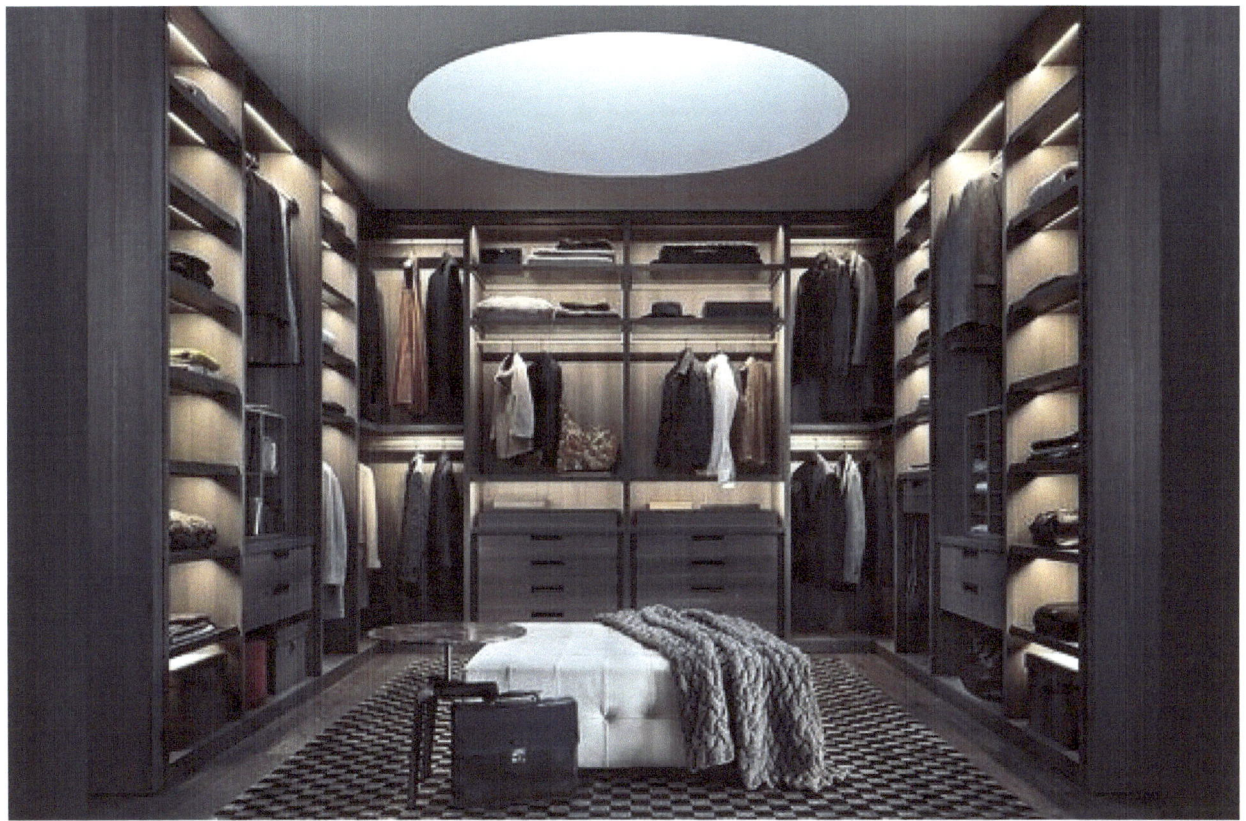

## ALACENA

Lo habitual es que la alacena se encuentre en la cocina de la casa ya que permite almacenar alimentos, cubiertos, vasos, copas, manteles y servilletas, entre otros elementos que se utilizan a la hora de comer. Por este mismo motivo, también puede ubicarse esta pieza de mobiliario en el comedor, cuando las dimensiones del ambiente lo permiten.

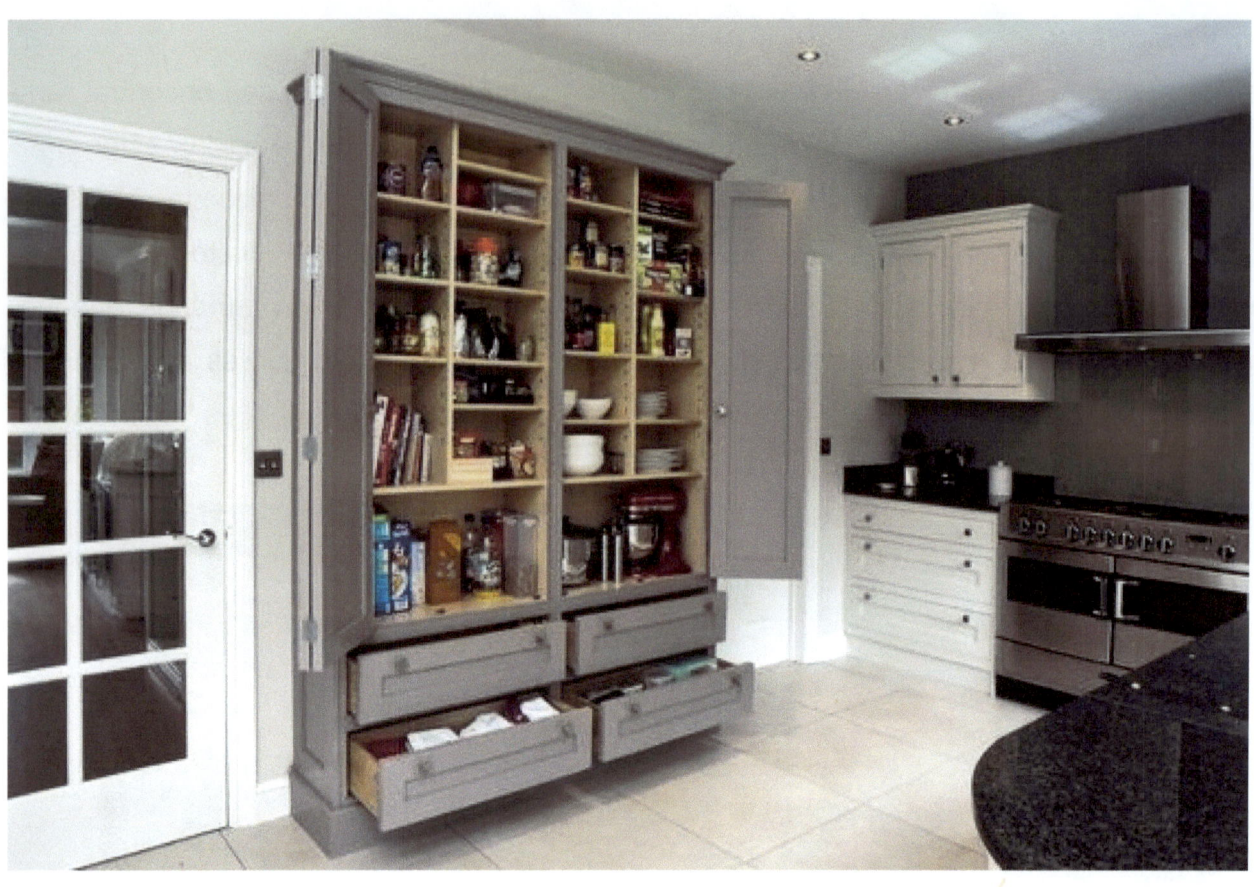
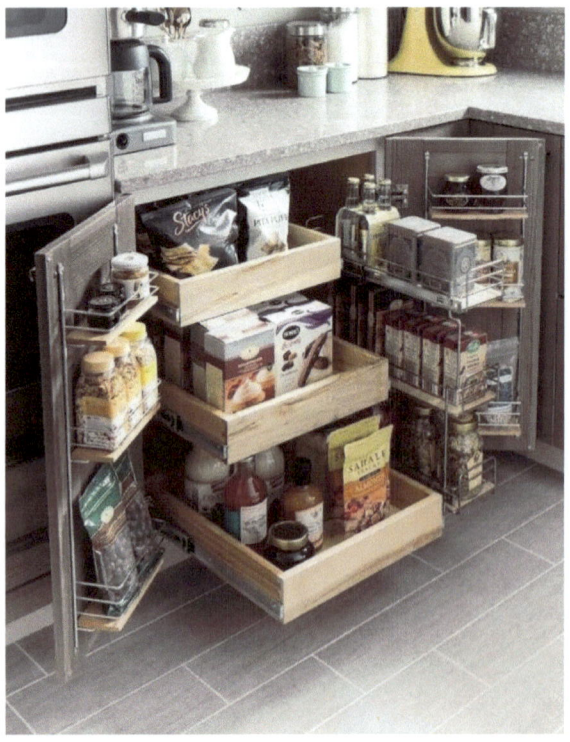
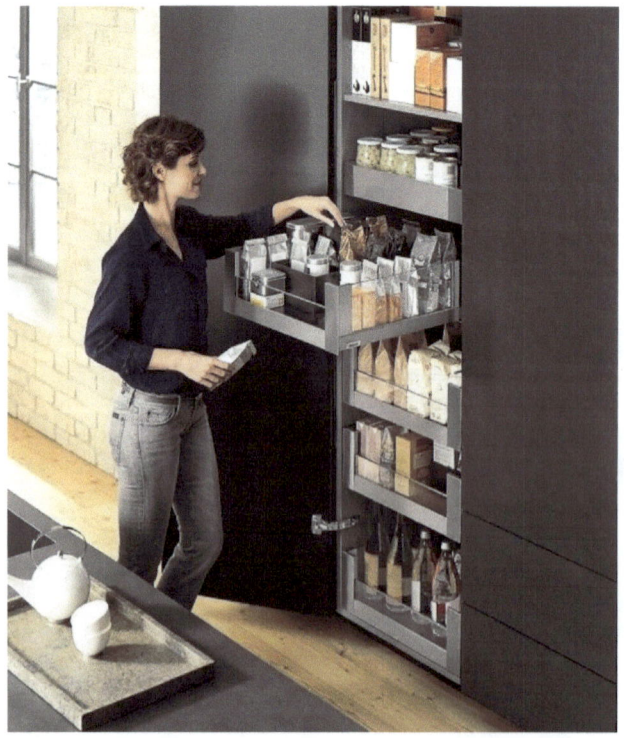

Las características de las alacenas han cambiado a lo largo de la historia. En sus orígenes, las alacenas se desarrollaban en huecos de las paredes que se protegían con puertas. Con el tiempo, se hizo frecuente la división de la alacena en dos cuerpos: un armario cerrado en su parte inferior, con puertas, y un aparador en el sector superior.

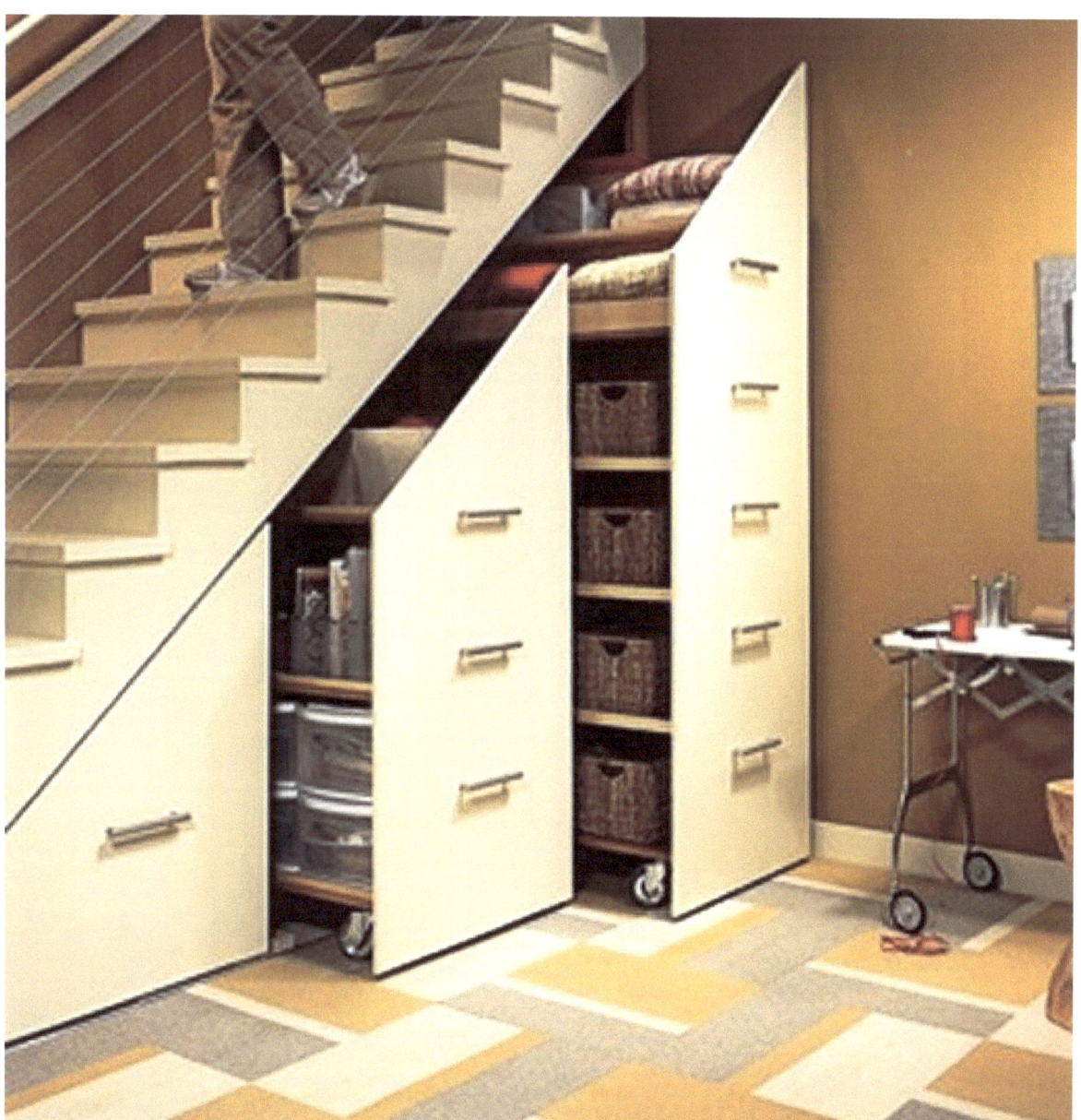

Actualmente las alacenas suelen construirse con madera. Sus puertas pueden estar vidriadas para que sea posible observar su interior sin necesidad de abrirlas. La altura, la cantidad de puertas y estantes y el diseño de las alacenas son muy variables.

**CHIMENEA**

Diseño chimeneas modernas y un mudo de estilo inigualable, es la temática que te traemos hoy. La revolución de las chimeneas además de su diseño comprende el combustible que se emplea. Los beneficios sobre todo de las de bioetanol son disimiles. No suelen ser muy costosas y su impacto sobre el medio ambiente es vital.

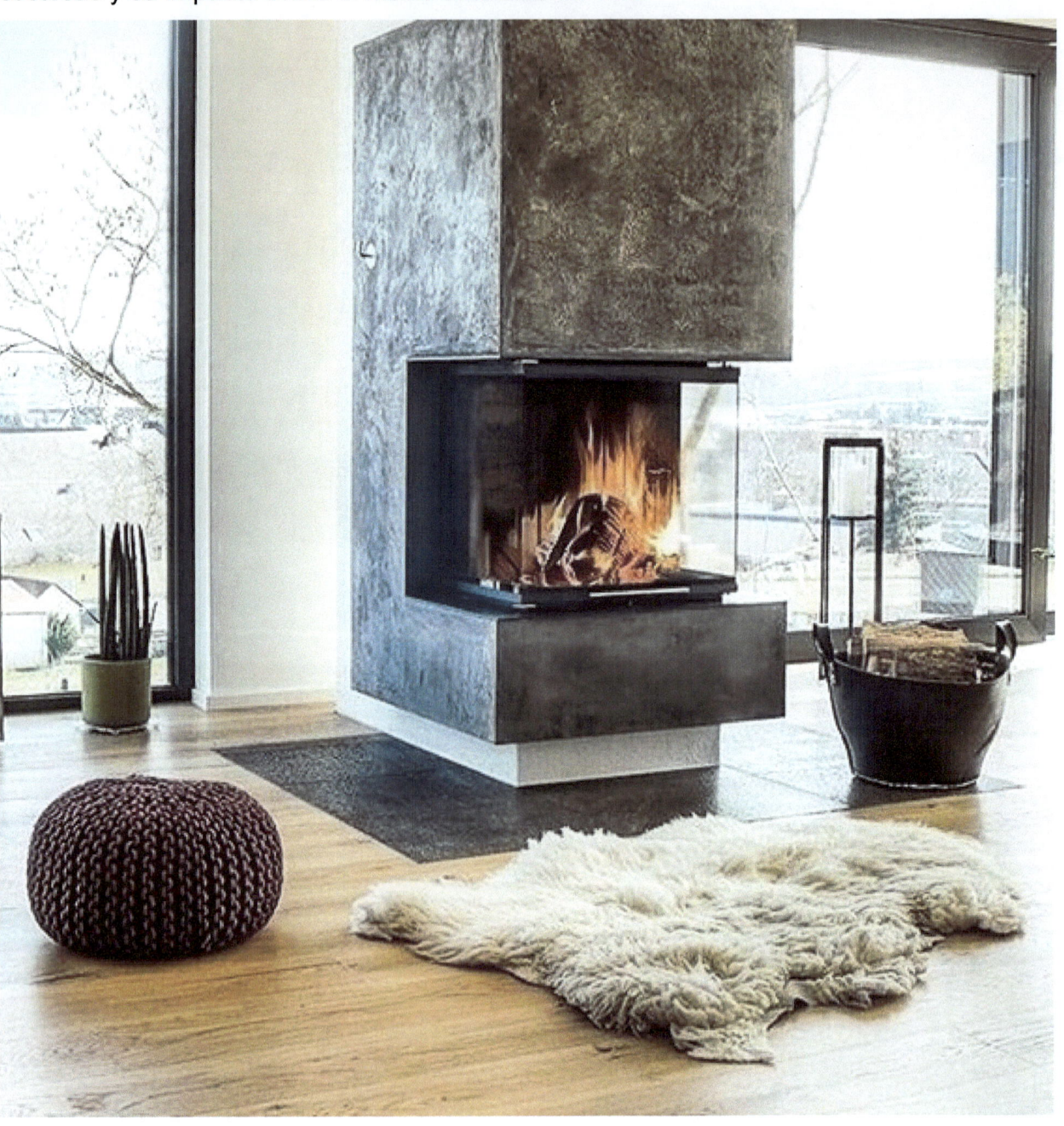

Podemos decir que también sobre nuestra salud si las comparamos con las tradicionales. Estéticamente su diseño es muy similar al de las tradicionales. Su principal punto fuerte radica en los beneficios para los usuarios. Con ellas además se elimina algo importante y costoso, las obras. Simplemente estudiamos la que más se ajuste a nuestro gusto y bolsillo y la situamos en el lugar seleccionado.

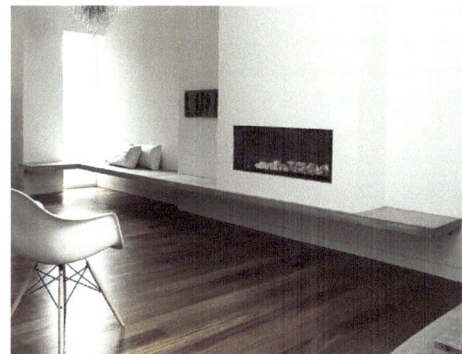
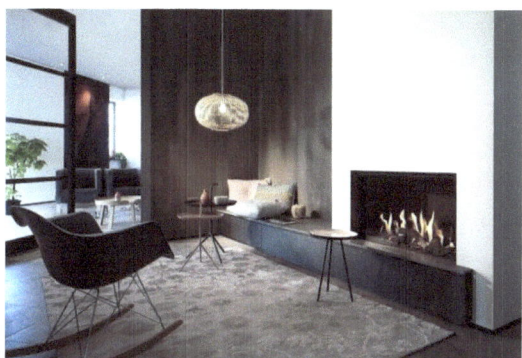

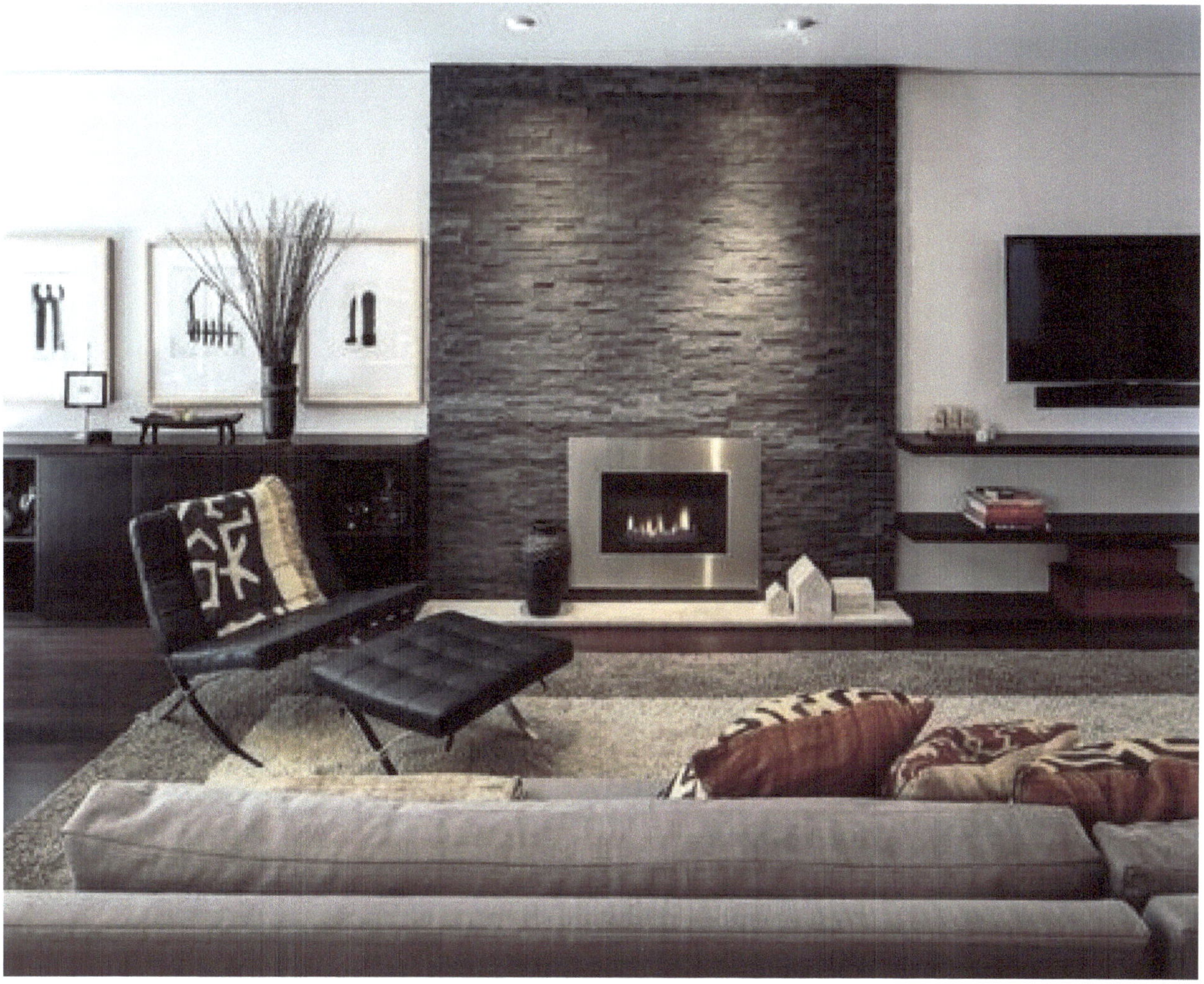

Otro gran beneficio es la generación de humo que en este modelo se anula. Es fundamental porque no dedicamos tiempo ni dinero a un modelo para evacuar el humo. Luego solo que da conferirle algo de estilo a este espacio. Hay diseños que se insertan en paredes o muebles en el salón. Estas chimeneas coexisten sobre todo con el televisor.

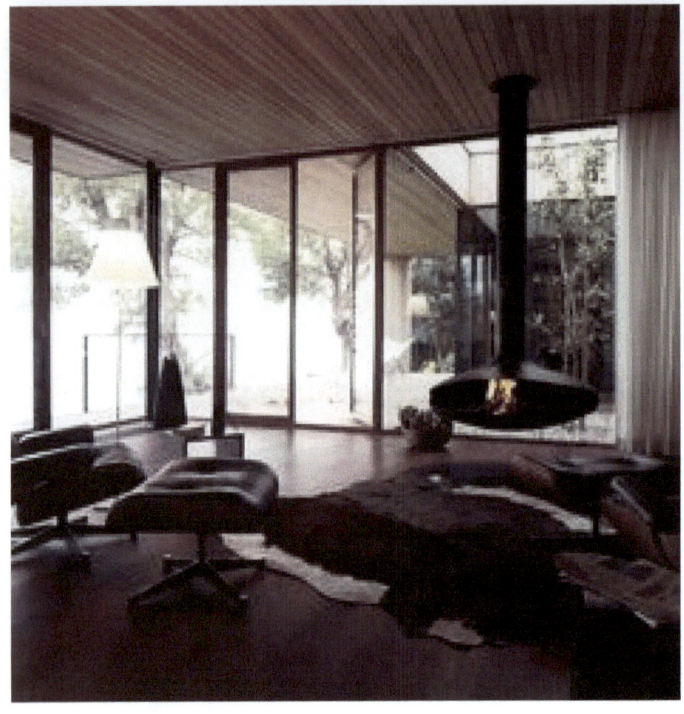
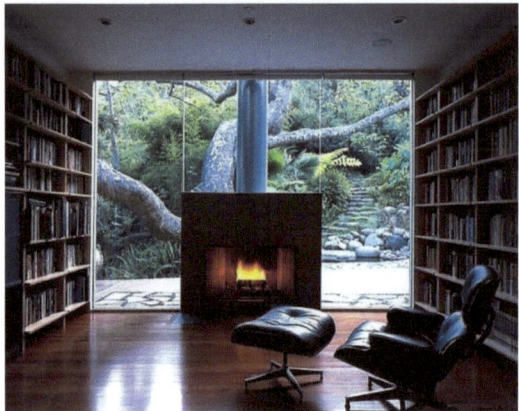

Las características de la chimenea en el caso de la madera de igual manera predisponen a la utilización de un combustible u otro. Hay diseños de chimeneas modernas abiertas en las que se pierde mucho calor. Lo que resulta en una necesidad del uso de maderas duras que mantengan el calor por más tiempo. Gracias a su poder calorífico un diseño de chimenea abierta no será una limitación para calentar los espacios.

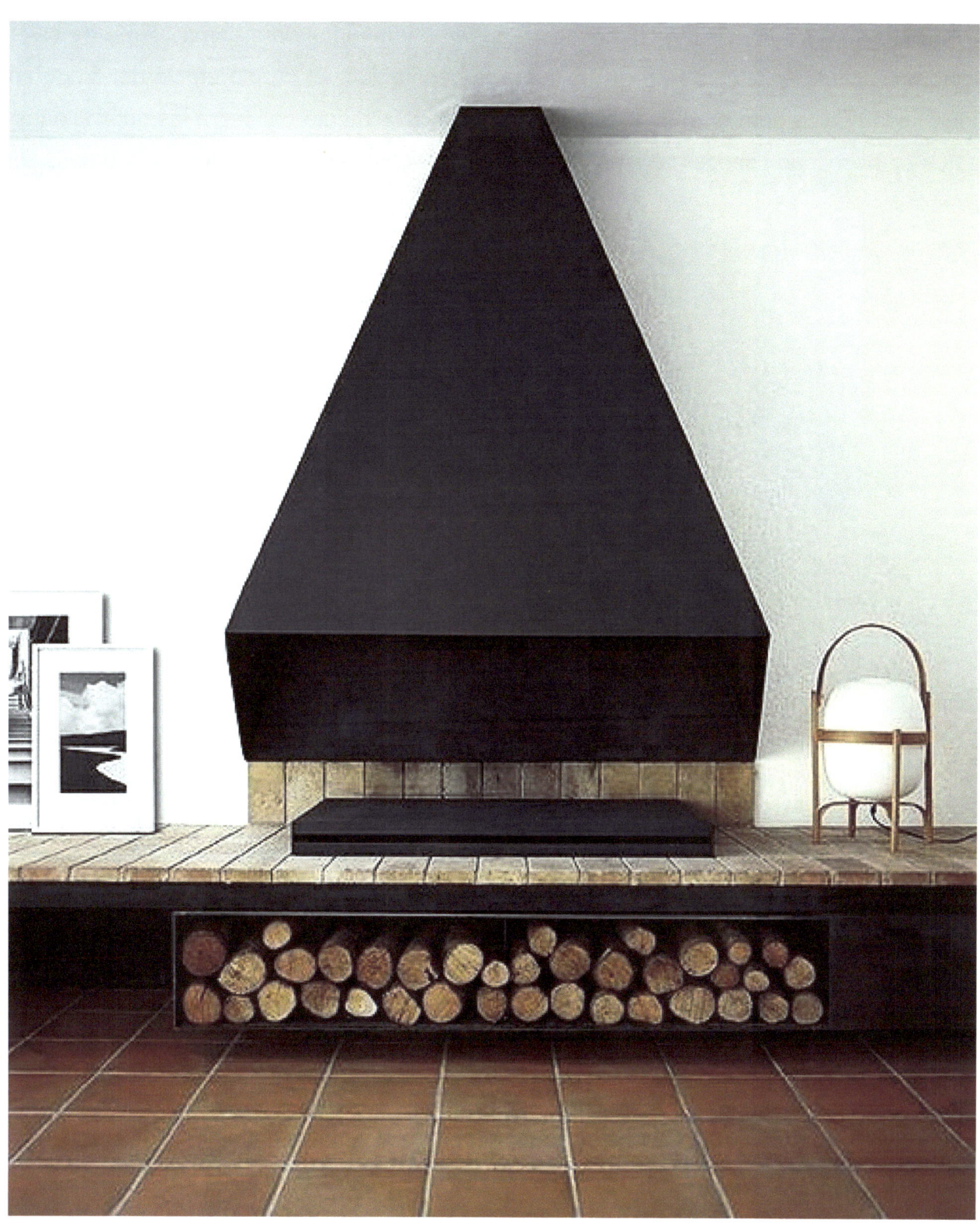

En esencia para los diseño chimeneas modernas y los interiores como fuente de calor son casi imprescindibles y con gran poder sobre la decoración. El propio efecto del fuego es una oportunidad única para un mayor confort y aportar visualmente calidez a las habitaciones. Por lo que es necesario conocer de igual manera las posibilidades que tenemos en materia de combustibles.

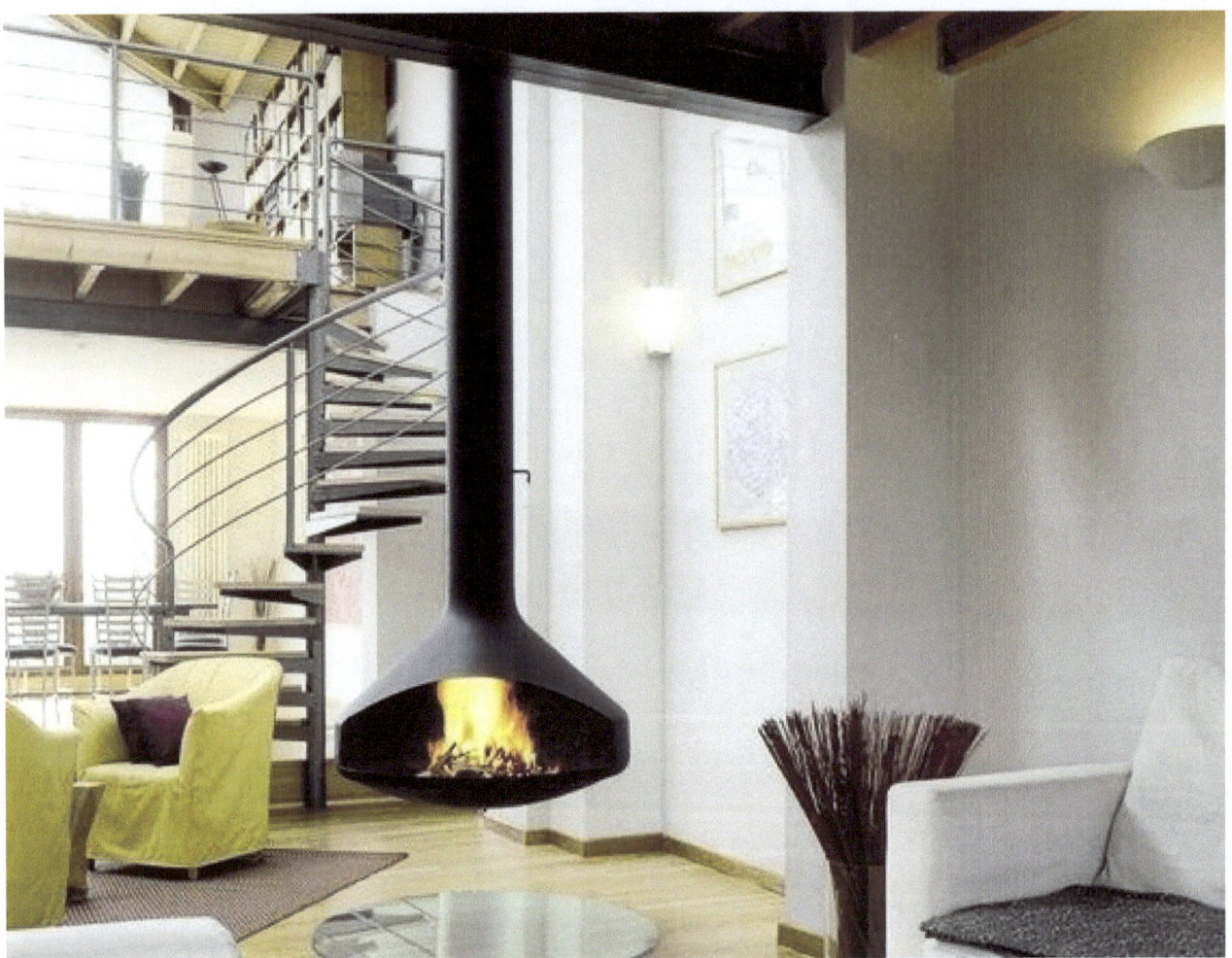

Otros productos pensados para el mantenimiento son muy importantes para mantener un rendimiento adecuado de las chimeneas modernas. Aquí te dejamos algunas creaciones modernas de chimeneas que puedes ir valorando para transformar el interior de tu vivienda. Sin importar el sitio de seguro no será el mismo lugar cuando realices un cambio de este tipo.

## ILUMINACIÓN

No siempre los despachos tienen buena iluminación natural, por lo que es necesario tirar de luz artificial a la hora de llevar a cabo nuestro trabajo. Los despachos de casa, no suelen ser muy grandes, por ello generalmente con una lámpara de techo acorde a los metros cuadrados y a la decoración, y una lámpara de mesa tendremos resuelto el tema. De todas formas, sí que es interesante tener en cuenta ciertas cosas para elegir la mejor luz posible.

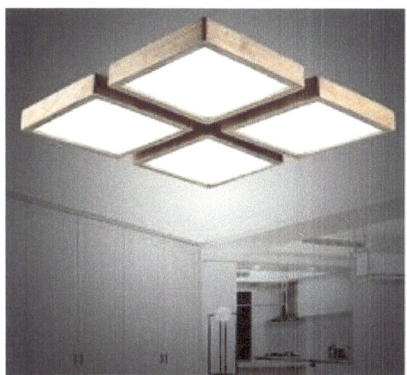 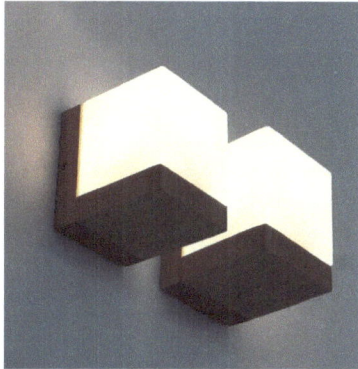 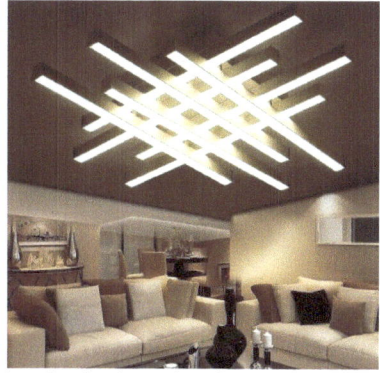

La mejor posición para la luz es siempre al que procede de la izquierda para los diestros y la derecha para los zurdos porque de esta forma nunca se producen sombras al escribir.

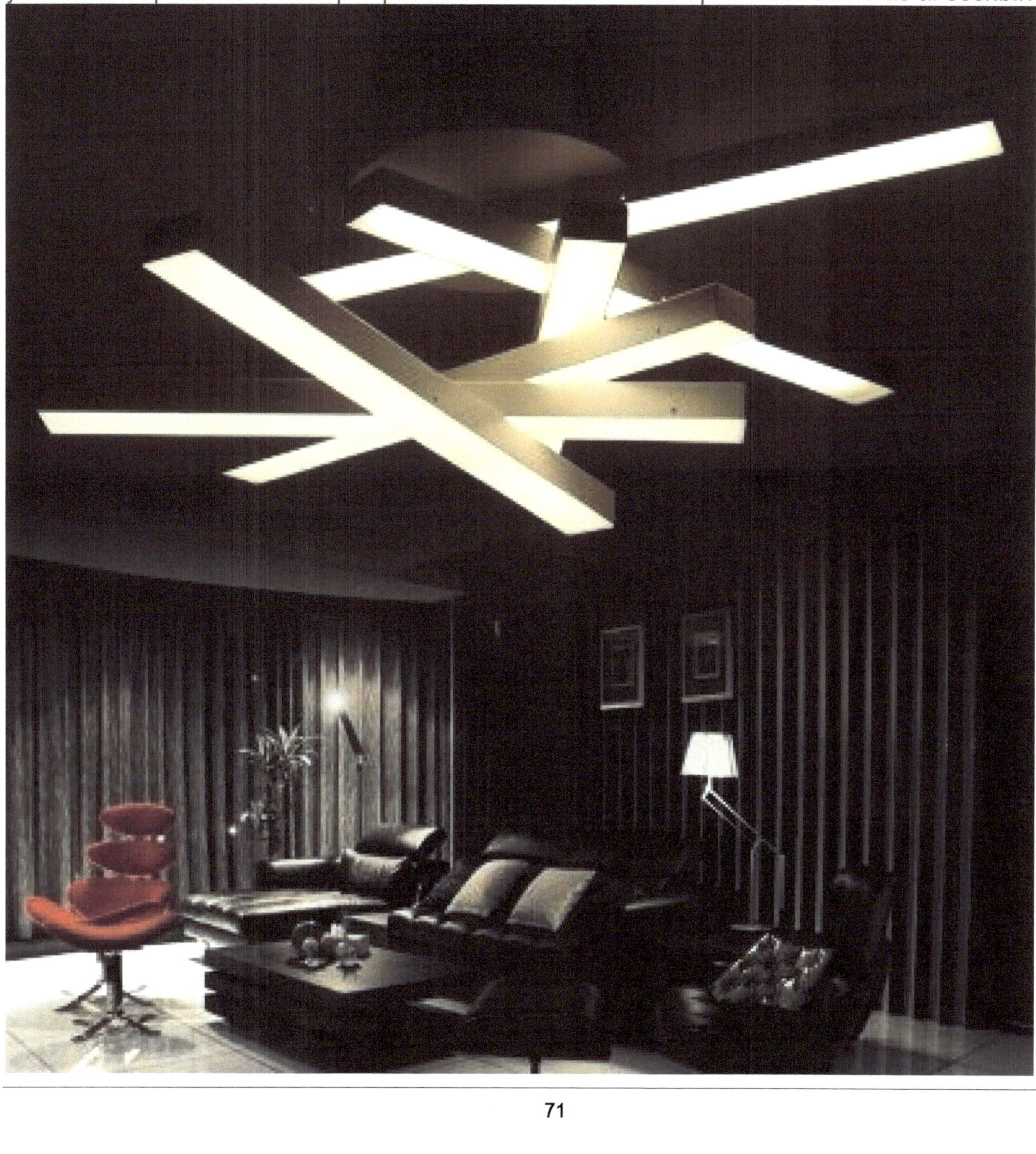

La luz ideal para leer es aquella en que el borde inferior de la pantalla se haya a la altura de los ojos.

Para trabajar con el ordenador es recomendable una luz indirecta ya que de no ser así la luz se puede reflejar en la pantalla.

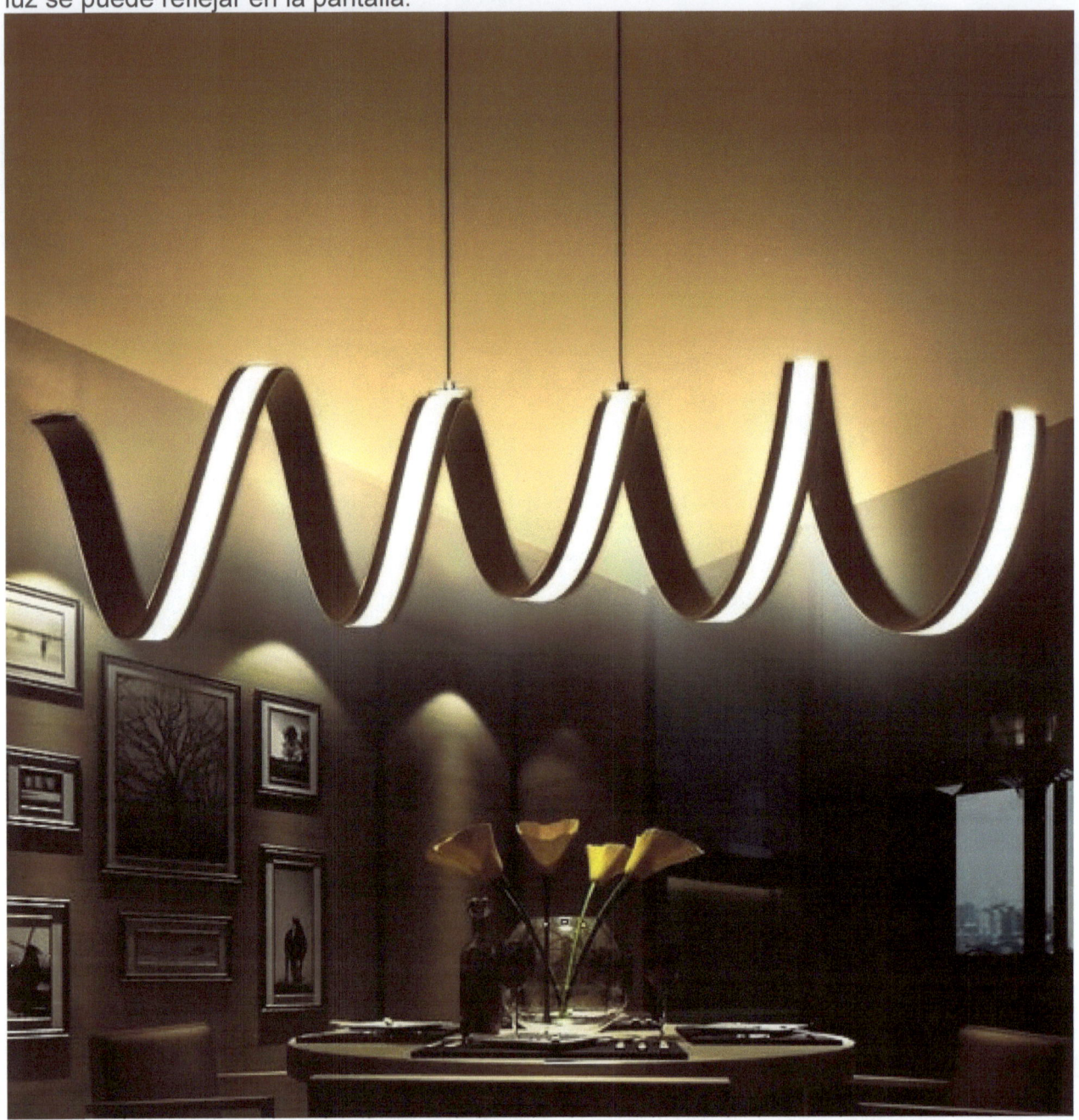

Es aconsejable una luz central y otra de apoyo sobre la mesa. También se recomienda luces que no den calor, como por ejemplo el uso de bombillas de bajo consumo o el uso de lámparas LED.

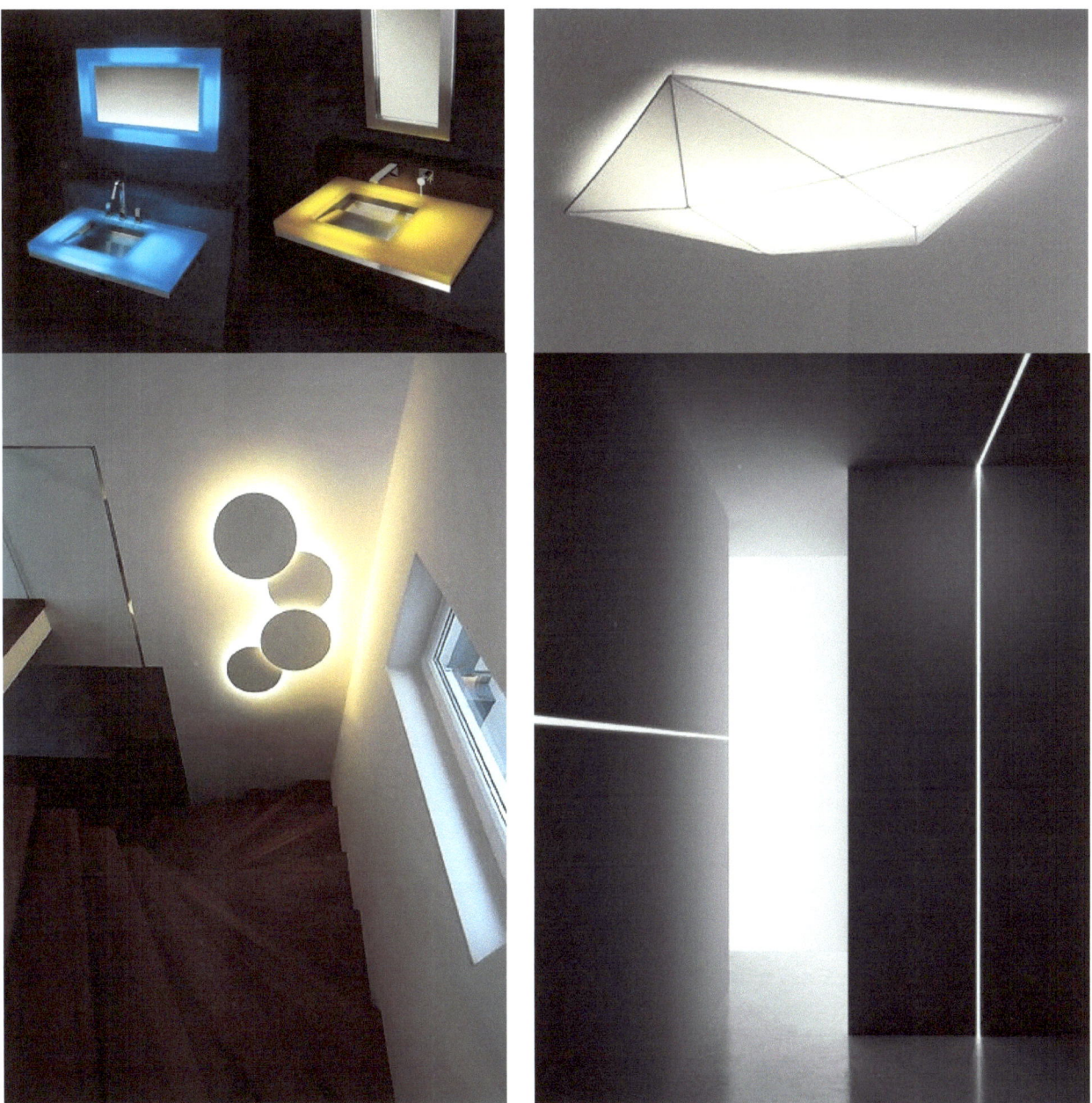

Las lámparas de mesa o sobremesa son luminarias con una función muy específica de la cual a veces somos desconocedores. Si nos fijamos, la luz natural proviene del Sol, es decir, viene de arriba. En nuestra casa, las luces acostumbran a estar instaladas en el techo, con lo que en el 80% de las ocasiones, también proviene de arriba.

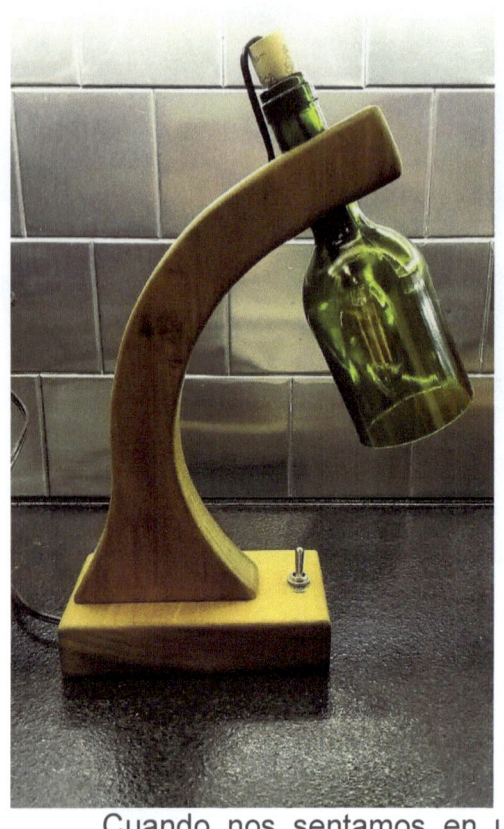 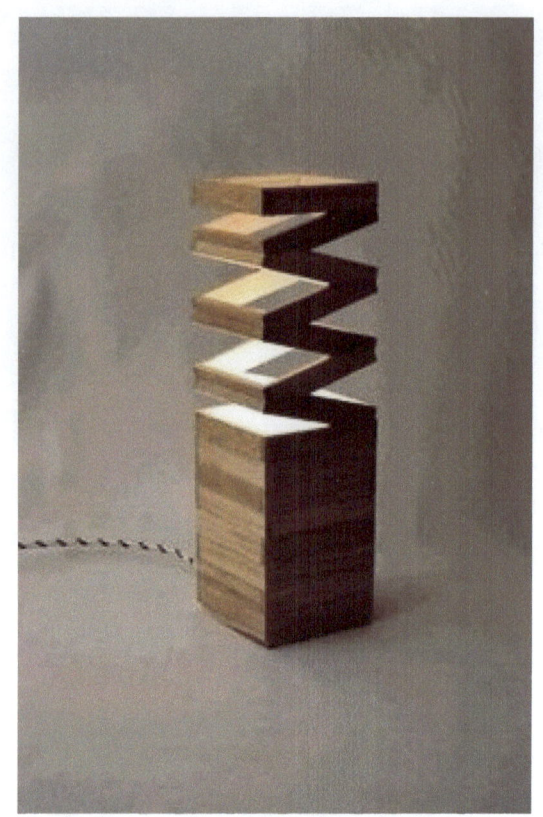

Cuando nos sentamos en una mesa para trabajar o en un sofá a leer tenemos la necesidad de que la luz, provenga de donde provenga, se centre en nuestra área de atención. Si en esos casos la luz viene del techo, existen dos inconvenientes: el primero es que la luz es dispersa, ya que se trata de una luz general; el segundo es que muy probablemente nos hagamos sombra con nuestra propia cabeza o cuerpo.

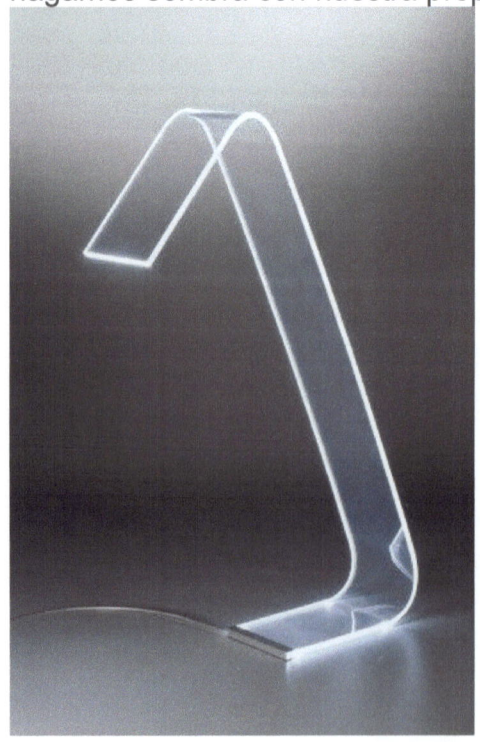 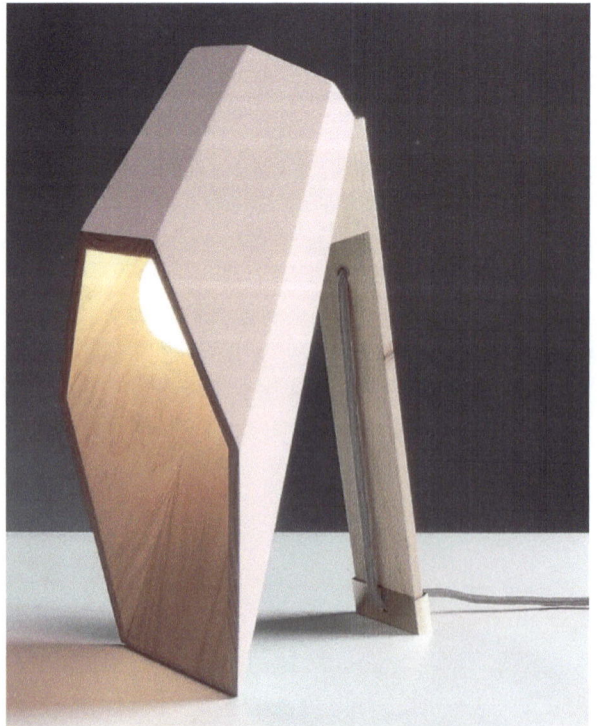

De ese modo, se hace necesario el uso de una lámpara cuya luz sea mucho más cercana, con una potencia dedicada casi exclusivamente al área que ilumina y que no de opción a la creación de incómodas sombras... Las lámparas de mesa y sobremesa.

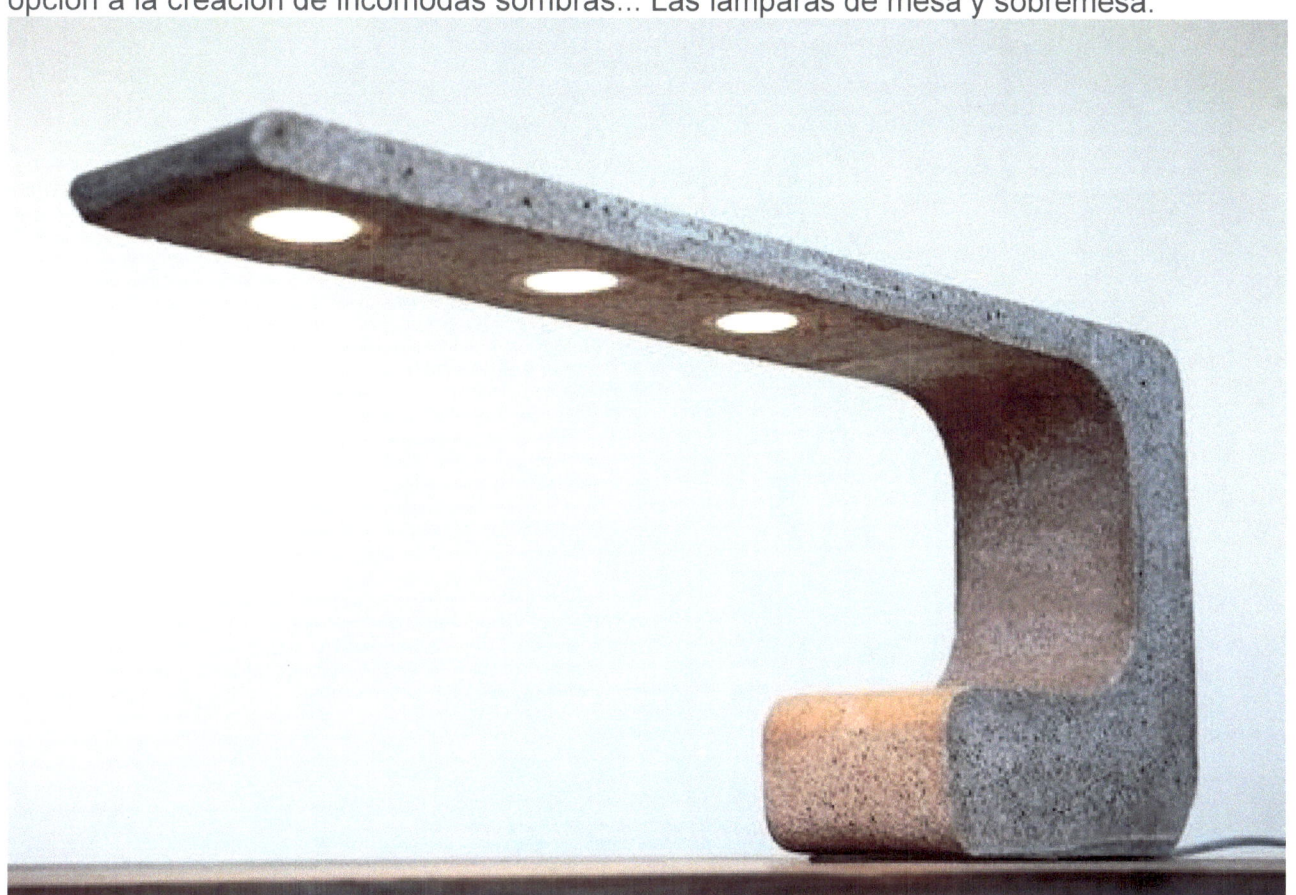

**Las lámparas para mesa y sobremesa tienes a la vez diferentes usos, entre los que destacamos:**
1- Zona de trabajo sobre una mesa: se trata de lámparas que se instalan sobre la superficie de trabajo y que tienen cierta altura para poder distribuir correctamente la luz en un área más o menos delimitada.

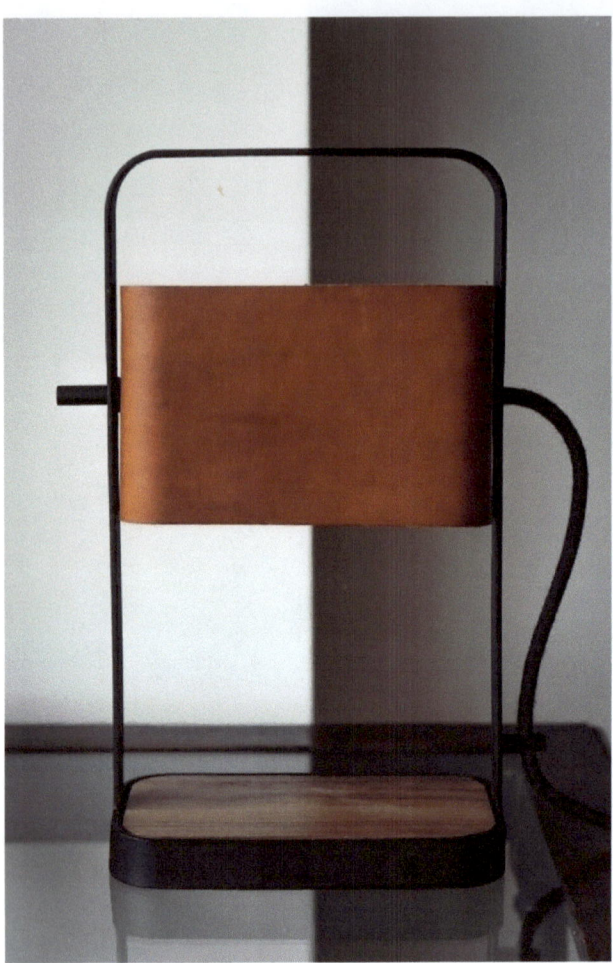 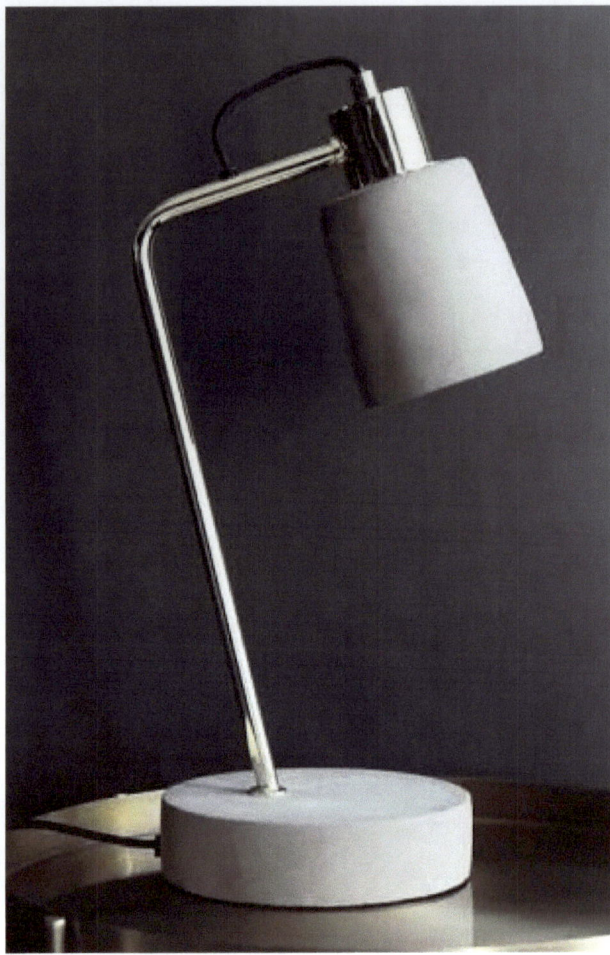

2- Zona de lectura: por ejemplo cerca de un sofá, proporcionándonos la luz necesaria y suficiente para poder leer con confort.

3- Destacar zonas determinadas: por ejemplo, colocando la lámpara sobre una mesa de pasillo, distribuidor o salón. De ese modo, elevamos el umbral de luz a esa altura y en esa situación, destacando un área determinada y creando sensación de volumen en la estancia.

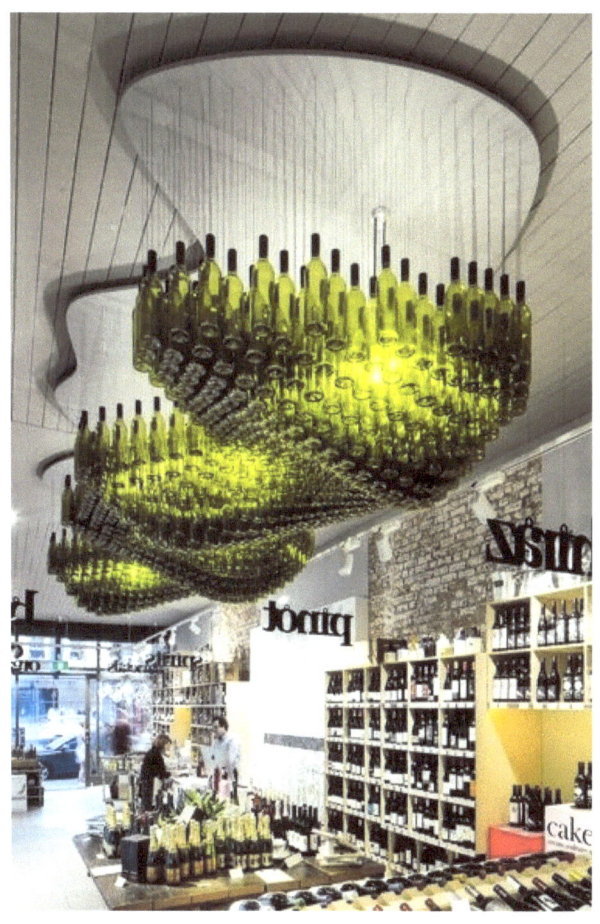 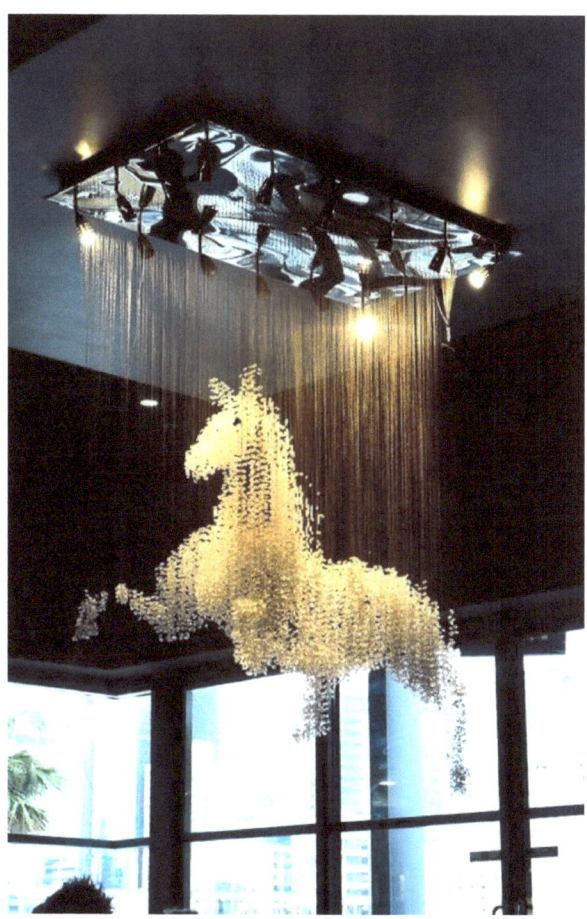

4- Mesita de noche: uno de los usos clásicos de las lámpara de mesa y sobremesa es el de colocarlas en las mesitas de noche. El uso es el mismo que en el caso 2, aunque le sumamos la funcionalidad de iluminar de forma general y a la vez intimista, la habitación.

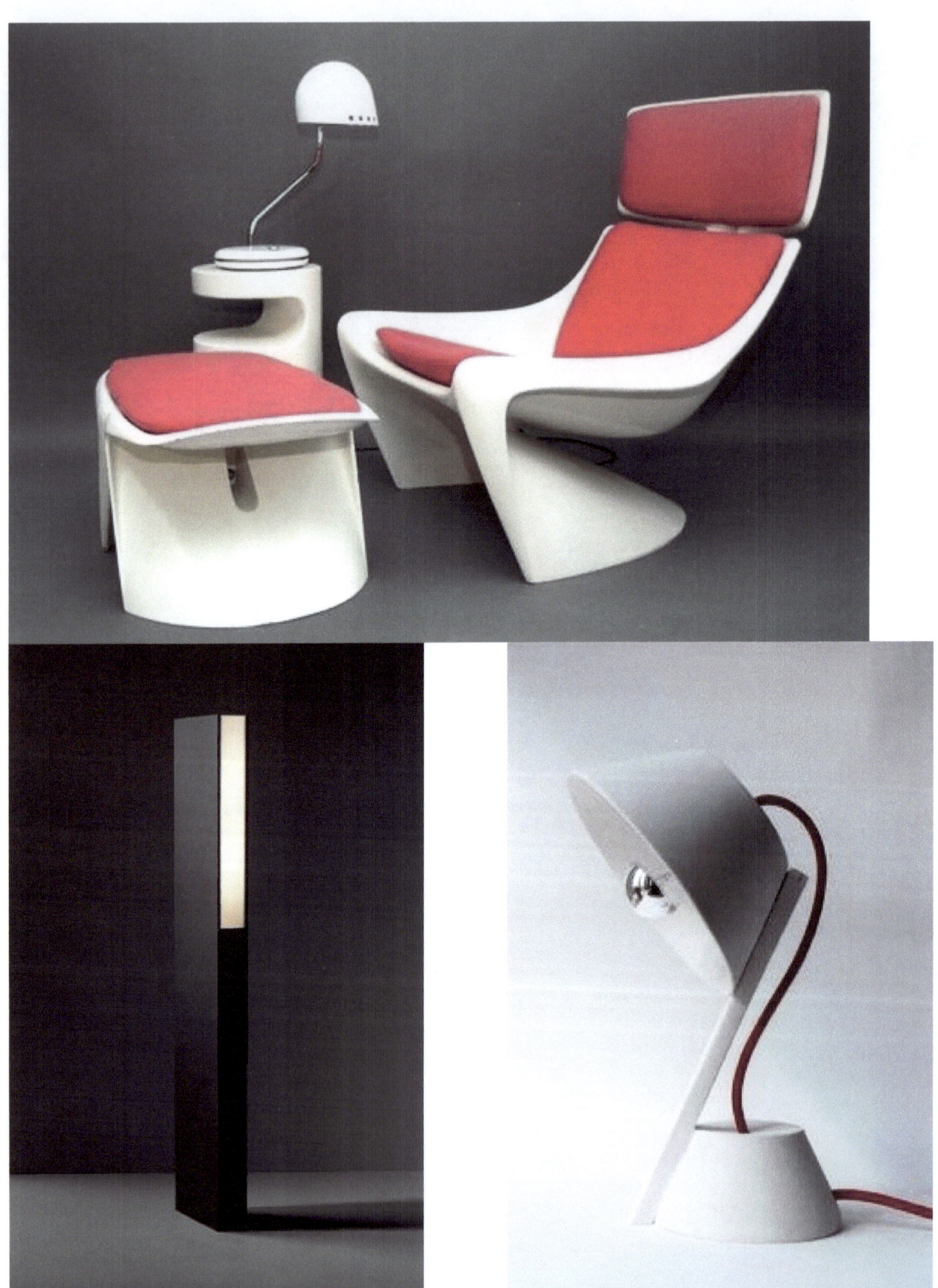

Obviamente, se está extendiendo el uso de bombillas LED para este tipo de lámparas, debido a que son luminarias que acostumbran a pasar muchas horas encendidas.

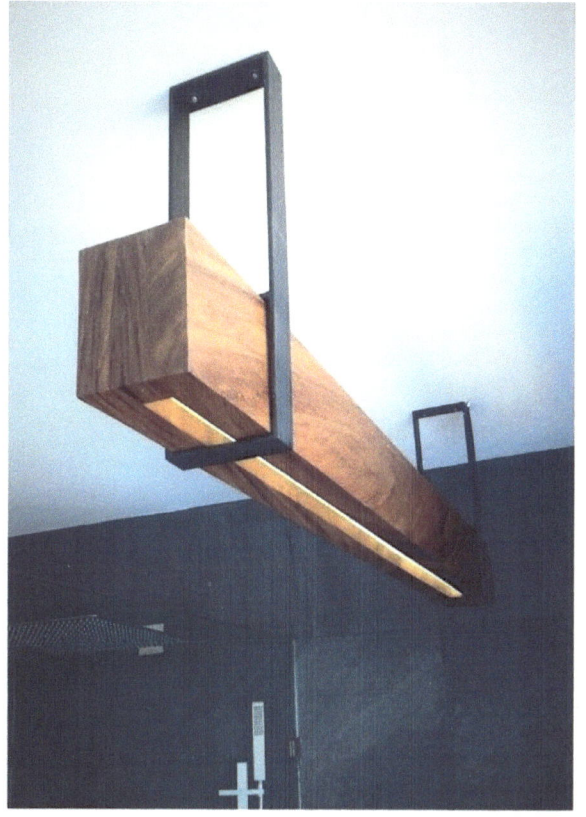 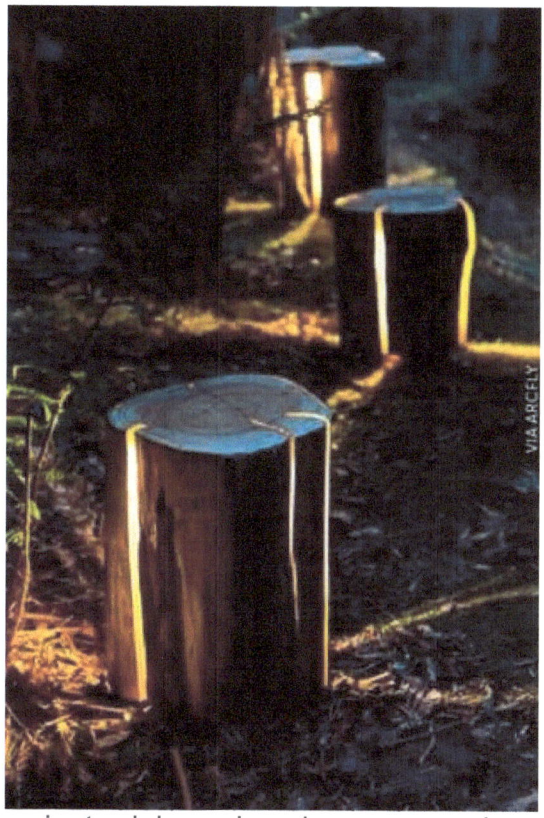

El mobiliario perfecto se crea en el subconsciente del que imagina un espacio perfecto, se convierte en la idea útil para mejorar y adornar nuestro entorno, en el pensamiento de cómo se vería en nuestro hogar, oficina, comercio, consultorio, incluso en nuestra ciudad. Hacerlo consiente es darle forma, dimensiones ,color, brillo, textura y finalmente materializarlo, colocarlo en el espacio imaginado y vivirlo como si dependiéramos de el es el paso final y el inicio de un ciclo que forma parte de nuestro estilo de vida al que llamamos "construir hogar"; una magina manera de darle identidad a los lugares donde habitamos.

El mobiliario perfecto lo consigues también en un catalogo o en la vitrina de un almacén, puede que simpatice con tus expectativas y simplemente conseguimos algo que va mas allá de lo que imaginamos. Lo perfecto simplemente está ligado al gusto, la necesidad y funcionalidad.

El mobiliario perfecto puedes materializarlo tú mismo, con ideas claras y materiales correctos, el secreto está en una buena imaginación y en cómo llevarla técnicamente a cabo. Si una de estas dos fallan no olvides pedir ayuda a quienes se dedican a imaginar, crear y hacer de una idea una realidad.